hänssler

JOST MÜLLER-BOHN

Siehe, ich sehe den Himmel offen

Briefe und Berichte christlicher Märtyrer 1933-1945

Jost Müller-Bohn, Jahrgang 1932, studierte Malerei und Gesang. Seit 1965 ist er als Evangelist im missionarischen Reisedienst tätig. Er hat bisher über 40 Bücher geschrieben und gründete die »christliche Filmmission«. Seine Stimme ist unzähligen Hörern über Radio Luxemburg vertraut.

hänssler-Taschenbuch
Bestell-Nr. 393.518
ISBN 3-7751-3518-9

Titelfoto: Mauritius
Umschlaggestaltung: Stefanie Bunner
Satz: AbSatz, Klein Nordende
Druck und Bindung: Beck'sche Buchdruckerei, Nördlingen
Printed in Germany

INHALT

VORWORT

Der Tanz ums »Goldene Kalb« ist zum zwingenden Lebensstil der zivilisierten Wohlstandsgesellschaft geworden. In enormer Hetze und Raserei, in Raffen und Genießen findet die totale Konsumgesellschaft keine Stille mehr vor Gott. Die Auto- und Reisegesellschaft kommt nicht mehr zur nötigen inneren Einkehr. Aber die göttlichen Grundwahrheiten unseres Lebens können nur durch Muße und Besinnung gewonnen werden.

Eine vermeintlich große Freiheit führt den Menschen in den sinnenbetörenden, absoluten Materialismus. Der Feind Gottes hat nur noch eine kurze Zeit; er geht nicht mehr wie ein brüllender Löwe umher, um die Menschen zu unterjochen und zu zerstören, er hat die sanfte, sehr bequeme Art des Versumpfens in die Abgründe einer triebhaften Genuss- und Wohlstandsgesinnung zum Glaubensbekenntnis für den irdisch gesinnten Menschen zum Ziel.

Weil Jesus die Entfremdung der Geschöpfe Gottes voraussah, sprach er zu seinen Jüngern:

»Sorgt euch nicht um euer Leben, was ihr essen oder trinken werdet! Ist nicht das Leben mehr als die Speise und der Leib mehr als die Kleidung? Seht die Vögel des Himmels an! Sie säen nicht, sie ernten nicht, sie sammeln nicht in Scheunen, und euer himmlischer Vater ernährt sie doch. Schaut die Lilien auf dem Feld an, wie sie wachsen! Sie arbeiten nicht, auch spinnen sie nicht; ich sage euch, dass auch Salomo in all seiner Herrlichkeit nicht gekleidet gewesen ist wie eine von ihnen. Darum sorgt nicht für morgen; denn der morgende Tag wird für das Seine sorgen. Es ist genug, dass jeder Tag seine eigene Plage hat.«

Der bedeutende Theologe Paul Tillich schreibt von der »verlorenen Dimension der Tiefe«:

»Unser tägliches Leben in Beruf und Familie mit Auto- und Flugreisen, bei Gesellschaften und Konferenzen, beim Lesen von Unterhaltungsblättern und Reklamen, beim Fernsehen und am Radio ist ein einziges großes Beispiel für ein Leben ohne die Dimension der Tiefe, für ein Leben, das vergeht, in dem es jeden einzelnen Augenblick mit etwas ausfüllt, das getan, gesagt, gesehen oder geplant werden muss. Aber der Mensch kann nicht erfahren, was Tiefe ist, ohne still zu stehen und sich auf sich selbst und Gott zu besinnen. Nur wenn er sich nicht um das Nächste sorgt, kann er die Fülle des Augenblicks hier und jetzt erleben, des Augenblicks, in dem die Frage nach dem Sinn seines Lebens in ihm erwacht. So lange die Sorge um das Vorläufige und Vergängliche nicht zurücktritt, kann die Sorge um das Ewige nicht Besitz von ihm ergreifen. Hier liegt der tiefste Grund für den Verlust der Tiefendimension in unserer Zeit, für den Verlust der Religion in ihrer eigentlichen und universalen Bedeutung.«

Wie abwegig die scheinbar so normalen kleinen und größeren »Notwendigkeiten« werden« die uns der Materialismus auferlegen will, können wir an den unfreiwilligen letzten Lebensstunden der christlichen Märtyrer des 20. Jahrhunderts erkennen.

Hier verstehen wir den Dichter:
»... dass uns werde klein das Kleine und das Große groß erscheine ...«.

Das 20. Jahrhundert war sehr stark von ideologischen und geistlichen Spannungen geprägt wie wohl keine Zeitepoche vor ihm. Antigöttliche und antichristliche Geistesströmungen haben insbesondere Europa und Asien beherrscht. Nach zwei weltumfassenden Kriegen in Mitteleuropa und Asien schienen die bestehenden Ordnungen völlig aus den Fugen geraten zu sein.

In Deutschland, dem Mittelpunkt des Kontinents, entwickelte sich eine barbarische, antichristliche Totalherrschaft, eine Diktatur mit absoluter Willkür durch einen vom Bösen besessenen Menschen, einem Dämonen in Menschengestalt, der die so viel gepriesenen humanistischen und ethischen Wertvorstellungen des so genannten »christlichen Abendlandes« völlig deklassierte.

Die Menschen konnten einen Vorgeschmack auf die Weltherrschaft eines von der Hölle inkarnierten »Pseudomessias« bekommen, der sich im Mäntelchen der Religion zum Retter und Gott dieser Welt aufschwingen wollte, ehe dann einst der wahrhaftige Messias, der Sohn des lebendigen Gottes, das letzte Wort sprechen wird.

Im Inferno der radikalen Gewaltherrschaft Hitlers waren es nur wenige, die sich gegen den Terror des Nationalsozialismus mit seinen antisemitischen Ausrottungsplänen auflehnten.

Mit dem Heldenmut eines »Daniel in der Löwengrube« bezeugten diese den wahren, lebendigen Schöpfergott. Sie wichen nicht vor den Feueröfen der Diktatur zurück, sondern prangerten unerschrocken das menschenverachtende Unrechtssystem in seiner ganzen Scheußlichkeit an.

Von diesen treuen, fast schon vergessenen Märtyrern Gottes soll in diesem Buch die Rede sein. Ihr überzeugender Widerstand gegen das faschistische Machtsystem soll uns bestärken, auch in dem begonnenen neuen Jahrtausend mit göttlicher Hilfe und geistlichem Überwindermut allen kommenden antichristlichen Auseinandersetzungen, mit den Einflüssen der Finsternis und der Verführung, zu widerstehen.

Wie tief und untrennbar die Märtyrer des 20. Jahrhunderts mit dem lebendigen Gott und dem Erlöser Jesus Christus verbunden waren, belegen ihre Bekenntnisse, die noch wenige Stunden vor ihrem grausamen Tod geschrieben wurden. Hier sollen sie erneut zu Wort kommen, um allen ein eindrückliches Vorbild zu geben, wenn vielleicht gleiche oder stärkere Anfechtungen uns einst heimsuchen werden. Ihre mutigen Zeugnisse dürfen nicht in Vergessenheit geraten, sie sollen geistliche Frucht bringen in einer Welt, die sich hemmungslos dem Materialismus und damit dem gänzlichen Diesseitsdenken verschrieben hat.

Alle Briefe wurden in außergewöhnlichen Situationen verfasst und waren die einzig verbliebene Möglichkeit einer inneren Verbindung und letzten Mitteilung an ihre nächsten Angehörigen. Die bedeutenden Ausschnitte der Briefe sind in ihrer ursprünglichen Fassung wiedergegeben. *

Wie ergreifend sind die Zeilen des Grafen Helmut James von Moltke dem bekannten Rechtsgelehrten und überzeugten Christen, aus dem Gefängnis Berlin-Tegel vor seiner Hinrichtung an seine Frau, sein ›liebes Herz‹, und zu guter Letzt an seine kleinen Söhne. Zeugnisse von solcher Intensität können noch heute in ihrer beeindruckenden Glaubensstärke unser Herz bewegen.

* Um die Originalität der Auszüge der letzten Briefe von Märtyrern wiederzugeben, haben wir uns entschlossen, es hier noch bei der alten Rechtschreibung zu belassen.

Die Strategie des antichristlichen Systems

Dem Nationalsozialismus, der sich von Anfang an als Weltanschauung und nicht als politische Partei bezeichnet hatte, waren alle Kirchen, Freikirchen und religiösen Organisationen von Anfang an verhasst. Er sah in der christlichen Lehre und der Ausübung der Gottesdienste eine geistige Macht, mit dem es keine Koexistenz geben konnte. Der schwülstige »Oberpriester« der NS-Weltanschauung, Alfred Rosenberg, der später vom Nürnberger Gerichtshof zum Tod durch den Strang verurteilt wurde, prophezeite damals: »Die christlich-jüdische Pest wird zugrunde gehen!«

Um Priester und Pfarrer zur Strecke zu bringen, wurden laufend Spitzel, oft als angebliche »seelsorgerliche Berater« getarnt, den Geistlichen zur Aussprache delegiert, um durch Fangfragen diese Männer Gottes zu provozieren. Man scheute sich nicht, sie sogar in die Beichtstühle zu schicken. Auch durch Predigt-, Post- und Telefonüberwachung wurde »Material« gesammelt, um dann die Verhaftung im geeigneten Moment durchzuführen. Die Beschuldigungen gegen Geistliche lauteten formell auf: »Wehrkraftzersetzung«, »Nachrichtenverbreitung«, »Abhören von feindlichen Sendern« und dadurch »Feindbegünstigung«. In Wahrheit wollte man durch die Niederlagen des deutschen Heeres an der Ostfront offenkundig entstandenen Negativtendenzen bei der Bevölkerung durch einen Schleier der Lüge und durch Verhängung harter Todesstrafen entgegentreten, um den Gefahren von Massenpsychosen vorzubeugen.

Im Kampf gegen die Mächte der Finsternis haben sich auffällig viele katholische Priester mit heiliger Kraft unter Hingabe ihres Lebens bis zum letzten Atemzug in den Dienst Gottes gestellt. Durch die Tribunale des Schreckens wurden in Deutschland viele Priester zum Tode verurteilt.

Leider ist unter den Wirren des Kriegsendes viel Beweismaterial über ihr Martyrium verloren gegangen.

Deshalb soll hier nur an einige der christlichen Blutzeugen durch ihre letzten Zeugnisse gedacht werden.

Viele haben angesichts des Todes ihren Peinigern und Mördern völlige Vergebung ausgesprochen.

Sie gingen lieber in den Tod, als ihr Leben zu erkaufen und damit Gott und das Evangelium zu verraten.

Manchmal kam es in den Konzentrationslagern unter dem extremen Terrorregime zu einer geistlichen Schicksalsgemeinschaft zwischen evangelischen und katholischen Pfarrern, so dass sie an geheimen Orten gemeinsam das heilige Abendmahl feierten. Für diese Diener Gottes war das Wort Jesu maßgebend und Order zugleich, sie verkündigten unter schwierigsten Umständen die Herrlichkeit seines Reiches.

Durch die Kraft des Heiligen Geistes gab ihnen der Herr viel Mut zum Überwinden und schenkte ihnen Treue bis in den Tod.

»Siehe, ich sehe den Himmel offen!«

»Er aber, voll Heiligen Geistes, sah auf zum Himmel und sah die Herrlichkeit Gottes und Jesus stehen zur Rechten Gottes. Sie schrien aber laut und hielten sich ihre Ohren zu und stürmten einmütig auf ihn ein, stießen ihn zur Stadt hinaus und steinigten ihn. Und die Zeugen legten ihre Kleider ab zu den Füßen eines jungen Mannes, der hieß Saulus, und sie steinigten Stephanus; der rief den Herrn an und sprach: »Herr Jesus, nimm meinen Geist auf« (Apostelgeschichte 7,55-59).

Stephanus schaut überirdische Dinge, die kaum einer von uns zu sehen bekommt. Er blickt in den geöffneten Himmel zum Thron Gottes. Er sieht seinen Schöpfer und Jesus, den Überwinder der Sünde und des Todes.

Sein Leben ist bereits vollendet. Stephanus ist noch sehr jung, aber er hinterlässt ein glühendes Zeugnis für den Fürsten des Lebens, Jesus Christus. Im schönsten Augenblick seiner Vollendung ruft er beglückt:

»Siehe, ich sehe den Himmel offen und des Menschen Sohn zur Rechten Gottes stehen!«

Angesichts des beschlossenen und in Kürze zu erwartenden gewaltsamen Todes gerät er in Verzückung.

Sie stoßen ihn, wie vorher seinen Herrn und Meister, zur Stadt hinaus, denn er soll wie Jesus Christus »vor der Stadt« gesteinigt werden.

Der höchste Zeuge dieser Lynchjustiz ist der Sohn Gottes: Jesus Christus, stehend diesen Mordanschlag sieht und der seinen irdischen Bruder Stephanus durch die Kraft seines Geistes in Verzückung geraten lässt, so dass sein Tod zu einem Triumph der Auferstehung wird.

Der Jünger kniet nieder und betet für sich, dann aber auch mit lauter Stimme für seine Peiniger und Mörder, – und entschlief als ein schon von dieser Welt »Entrückter«.

Die Steine der Mörder nimmt Stephanus genauso wenig wie einst die drei Männer die Flammen im Feuerofen wahr, die der grausame Diktator Nebukadnezar anzünden ließ, um die Gotteszeugen zu vernichten, nämlich überhaupt nicht.

Seit Menschengedenken wurden die Zeugen Gottes verfolgt, gefoltert und in grausamer Weise hingerichtet und ermordet. Sie alle gingen gefasst und voll Liebe zu ihrem Schöpfer in den Tod.

Von ihnen wird uns im Brief an die Hebräer berichtet:

»Einige starben unter der Folter. Sie weigerten sich, die angebotene Freilassung anzunehmen, denn sie hofften auf ein neues und besseres Leben. Andere wurden verspottet und ausgepeitscht, gefesselt und ins Gefängnis geworfen. Sie wurden gesteinigt, zersägt und mit dem Schwert hingerichtet. Sie litten Mangel, wurden verfolgt und misshandelt. Wie Flüchtlinge irrten sie durch Wüsten und Gebirge und lebten in Höhlen und Erdlöchern. Die Welt war es nicht wert, dass solche Menschen in ihr lebten.

Diesen allen hat ihr Vertrauen das beste Zeugnis ausgestellt, und doch hat keiner von ihnen die Erfüllung der Verheißung erlebt. Gott hatte unseretwegen einen umfassenderen Plan, denn er wollte nicht, dass sie ohne uns vollendet würden« (Hebräer 11, 35 - 40).

Pfarrer Bruns schreibt in seinen Kommentaren zu diesem Text: »Glauben heißt: wie alle diese Männer und Frauen handeln oder dulden im Blick auf die Dinge, die noch kommen. Bei vielen wurde die tiefste Sehnsucht ihres Glaubens nicht erfüllt, und doch haben sie geglaubt, weil sie auf etwas Größeres und Besseres hofften.

Deutlich wird beides genannt. Glauben heißt: bis ins politische Leben hinein Entscheidungen treffen.

Glauben aber heißt genauso: bis ins Martyrium hinein ausharren.«

Solche Glaubenshelden haben in Deutschland seinerzeit trotz größter Verfolgungen im 20. Jahrhundert ihre unerschütterliche Liebe und Treue zu ihrem Gott in Gesprächen und Abschiedsbriefen bekundet. Sie sind meistens in völliger Isolierung gehalten worden. Die Bekenntnisse vieler Christen, die ungeachtet dessen, was ihnen drohte, tapfer den Weg der Wahrhaftigkeit gingen, sollen am Ende dieses Jahrhunderts noch einmal veröffentlicht werden, obwohl diese Aufzeichnungen natürlich nur eine kleine Auswahl von unzähligen Christen zulässt.

Der Schweizer Pfarrer und Schriftsteller Jeremias Gotthelf hat von den Blutzeugen Jesu geschrieben:

»Das Wort ist unendlich mächtiger als das Schwert, und wer es zu führen weiß in starker, weiser Hand, ist mächtiger als der allermächtigste aller Könige (Tyrannen). Wenn die Hand erstirbt, die das Schwert geführt, wird das Schwert mit der Hand begraben, und wie die Hand in Staub zerfällt, so wird vom Rost das Schwert verzehrt. Aber wenn im Tod der Mund sich schließt, aus dem das Wort gegangen, bleibt frei und lebendig das Wort; über dasselbe hat der Tod keine Macht, ins Grab kann es nicht verschlossen werden, und wie man die Knechte Gottes schlagen mag in Banden und Ketten, frei bleibt das Wort Gottes, welches aus ihrem Munde gegangen.«

Zahlreich sind die Berichte über Märtyrer aus allen Jahrhunderten, die um ihres Glaubens willen an Gottes Wort und seine Ordnungen und wegen ihres Zeugnisses von der Auferstehung Jesu Christi den Tod erleiden mussten.

Noch vor dem Kreuzestod Jesu war es Johannes der Täufer, der von Gott berufene Herold des Messias, der seinen Kopf dafür hinhalten musste, weil er die

Menschen seinerzeit zur Buße gerufen und Jesus als den Erlöser angekündigt hatte.

Von der Herrlichkeit dieses Mannes sagte der Engel des Herrn, ehe dieser zur Welt gekommen war, dass sich viele über seine Geburt freuen sollten; dass er groß werden würde in seinem missionarischen Auftrag, dem Volk die Erkenntnis der Seligkeit zu übermitteln, weil ihre Schuld vergeben sei durch den Messias.

Stephanus, einer von den sieben Diakonen der Gemeinde von Jerusalem, wird uns in der Bibel als erster Blutzeuge nach seiner Auferstehung vor Augen gestellt, wie wir es schon gelesen haben.

Nach seinem Märtyrertod hat das Feuer der Verfolgung unter den Christen in unvorstellbarer Härte weitergebrannt, weil man die Apostel, die Jünger Jesu, und damit die ganze Gemeinde endgültig ausrotten wollte.

Einer der wildesten Verfolger, der ganze Gegenden in Erschrecken versetzte, war Saulus von Tarsus. Voller Wut und Zorn war er auf dem Weg nach Damaskus, um die Christen in der Stadt zu fangen und sie gebunden nach Jerusalem zu führen.

Doch noch vor der Stadt erschien ihm am Himmel der auferstandene Herr Jesus Christus, der ihn fragte: »Saul, Saul, was verfolgst du mich?«

Der Glanz der Herrlichkeit Jesu war heller als der Schein der Sonne, so dass Saulus erblindete. Daraufhin bekehrte sich dieser fanatische Eiferer, der von da an den Namen des Herrn verkündigte.

Ihm war durch den Mund des Ananias eine schwer wiegende Verheißung mit auf den Weg gegeben:

»Ich will ihm zeigen, wieviel er leiden muss um meines Namens willen.« Aus dem Verfolger wurde ein Zeuge und später selbst ein Verfolgter um Jesu willen. Seit dieser Zeit haben Millionen Christen ihr Leben lassen müssen: sie wurden in barbarischer Weise gefoltert und gequält, enthauptet, den wilden Tieren zum Fraß vorgeworfen, auf den Scheiterhaufen verbrannt, in Flüssen ertränkt oder gekreuzigt. Dennoch haben sich viele als Märtyrer noch in ihrer Sterbestunde gefreut, für ihren Heiland sterben zu können. Sie waren dieser verruchten Gesellschaft wirklich nicht wert. In der Verzückung haben manche, wie einst Stephanus, die Herrlichkeit Gottes durch seinen Geist verspürt.

In dieser kleinen Zusammenfassung sind Zeugnisse von Menschen des Widerstandes gesammelt, die letzte Zeilen geschrieben haben, Abschiedsbriefe, Gedichte und Tagebuchaufzeichnungen. Sie wurden später von den Henkern des so genannten Dritten Reiches zum Tode verurteilt und ermordet.

Mit der Verkündigung der Machtproklamation der NS-Herrschaft Anfang der dreißiger Jahre begann auch der Widerstand gegen die Tyranneien des Unrechtsregimes. So wurden schon vor Beginn des weltumfassenden Vernichtungskrieges die ersten Zeugnisse niedergeschrieben und gesammelt.
Die Mehrzahl der Aufzeichnungen stammen jedoch aus der Zeit, in der bereits die Götter und Götzen des

sinkenden Schiffes auch ihr Ende nahen sahen und deshalb einen satanischen Rachefeldzug gegen alle Kritiker und Mahner wider die Gewaltherrschaft entfachten, und ihre Gegner ermorden ließen.

Nach dem fehlgeschlagenen Attentat am 20. Juli 1944 auf Hitler entlud sich eine wahnwitzige Verfolgungsjagd gegen alle Andersdenkenden, die den Spitzeln der Gestapo oder anderer Nazibehörden bekannt wurden.

Erst durch die bedingungslose Kapitulation dieses Schreckensregimes und die Vernichtung ihrer Machtzentren im Mai 1945 konnten die Stimmen des Widerstandes gesammelt und veröffentlicht werden.

Das »andere Deutschland« durfte zum ersten Mal seine ungebrochene Kraft unter den qualvollen Foltermethoden und seine hemmungslosen Verleumdungen durch die Veröffentlichung der Dokumente laut werden lassen.

Die Frauen und Männer, die hier noch einmal zu Wort kommen, waren Menschen des Glaubens, die als bekennende Christen unter schwierigsten Umständen ihr Zeugnis für Gott und Jesus Christus abgaben.

Es waren nicht nur Handwerker, Bauern, Arbeiter, Angestellte, sondern auch große Denker, aristokratische Persönlichkeiten, Offiziere, Generäle und Künstler, also Menschen, die den verschiedensten Berufsständen angehörten. Sie wurden in ihren Zeugnissen zur glühenden »Märtyrergemeinde« des 20. Jahrhunderts.

Die Familienangehörigen, viele Verwandte und Bekannte sind bereits ihren geopferten Männern und Frauen gefolgt, so dass man sich bei ihnen heute kaum noch bedanken könnte, weil sie die in ihren Händen befindlichen Briefe und Aufzeichnungen schon vor fast einem halben Jahrhundert verschiedenen Verlagen zur Verfügung gestellt haben.

Im Vorwort des Buches: »Du hast mich heimgesucht bei Nacht« finden wir eine glänzende Zusammenfassung:

»Die Zeugnisse der Gefangenen und Verurteilten sagen frei das aus, was sie meinen. Wie überall, wo sie Gottes Ebenbild im Menschen antraf, ist die böse Gewalt zum Narren geworden und hat das Gegenteil des Erstrebten erreicht. Sie erlaubte keine politische Kritik und zwang damit ihre Opfer in die ihnen eigene Freiheit – in eine Aussprache, die sich nur noch mit dem Wesentlichen beschäftigt: mit Gott und dem eigenen Heil, mit der Liebe zu den nächsten Menschen und der Fürsorge für ihr zeitliches und ewiges Wohl, mit dem Sinn des eigenen Daseins, der Verantwortung gegenüber Volk und Menschheit und dem aufgetragenen Dienst an dem Platz, auf den der Einzelne in der Ordnung der Dinge gestellt ist.

Aber in diesem Verschweigen des Politischen wird der Sinn des Widerstandes nicht verhüllt, sondern in Reinheit ausgesprochen. Denn um das Leben der Gottesliebe, der Nächstenliebe und der freien Verantwortlichkeit – eben das Leben, das sich in ihrem schriftlichen Vermächtnis ausspricht – zu schützen gegen die politische Organisation des Hasses, haben sich jene Männer und Frauen geopfert.« –

»Nichts von Hass und Vergeltung, weil ihre Worte vereinigen statt zu trennen, enthalten sie ein Vermächtnis nicht für eine Partei, sondern für ein Volk, für uns. Seine Nichtübernahme würde eine moralische und religiöse Enterbung bedeuten. Es gab damals, unter dem Regime des Hakenkreuzes, nur ein Für oder Wider, und das gilt auch heute noch. Der Widerstand ist nicht ein Vergangenes, sondern ein gegenwärtiges Anliegen.

Die Briefe und Zeugnisse aus Lagern und Gefängnissen zwingen uns zu einer Entscheidung. Sie erinnern uns an das warnende Wort der Offenbarung:

»Weil du aber lau bist und weder kalt noch warm, werde ich dich ausspeien aus meinem Munde« (Offenbarung 3, 16).

Recht bald wird die Haltung der ihrer Überzeugung treuen und im Glauben an das Evangelium fest verankerten Christen aus allen Kreisen der evangelischen und der katholischen Kirchen offen sichtbar. Sie beugen sich nicht vor dem antichristlichen »Tier«, von dem in der Offenbarung die Rede ist. Immer stärker und beharrlicher wird der Widerstand aus den Kirchen, Freikirchen und anderen Gemeinschaften. Leider sind es auch hier nur wenige, die das teuflische System durchschauen.

Pfarrer PAUL SCHNEIDER[1]

In den Konzentrationslagern findet man jetzt neben den politischen Häftlingen immer mehr Pfarrer, Prediger und Laien aller kirchlichen Bekenntnisse.

Paul Schneider ist eine der markanten Märtyrergestalten aus der jüngeren deutschen Geschichte. Als Prediger des Evangeliums leistete er entschlossenen Widerstand gegen den antichristlichen Geist des NS-Regimes – bis zu seinem Tod im KZ Buchenwald.

Im Buchenwald-Prozess gibt der ehemalige Häftling Fritz Männchen zu Protokoll:

»Im September 1937 wurde Pfarrer Schneider nach Buchenwald gebracht. Als er bei der damals üblichen Flaggenparade nicht die Mütze abnahm, erhielt er sofort 25 Stockhiebe und wurde in den Bunker geworfen. Dort blieb er mehr als 18 Monate. Später war Schneiders Zelle ständig verdunkelt, auf dem Boden stand das Wasser fünf Zentimeter hoch, die Wände waren völlig nass. Der Pfarrer durfte sich während der ganzen Bunkerhaft niemals waschen, er wurde auch nie zum Baden geführt, wie es bei den anderen Arrestanten der Fall war. Infolgedessen waren seine Kleider völlig verlaust, am Körper hatte er faustgroße Löcher von Schlägen. Die Wunden eiterten ständig, da er selbstverständlich kein Verbandszeug oder Ähnliches zum Behandeln erhielt. – Als das Martyrium zu lange dauerte, bekam der Pfarrer Herzlähmungs-Mittel ins tägliche Essen.«

Er starb am Herzkollaps, als er abermals von SS-Schergen brutal geprügelt wurde. Als seine Frau die Nachricht vom Tode ihres Mannes bekam, bat sie den Lagerkommandanten Koch um Erlaubnis, den toten Mann und Vater mit ihren Kindern sehen zu dürfen. Aus Propagandagründen wurde ihnen die Bitte erfüllt.

Der Häftling Fritz Männchen bezeugt im genannten Buchenwald-Prozess weiter:

»Um die entsetzlichen Entstellungen der Leiche zu verdecken, wurde der tote Pfarrer von einem SS-Friseur geschminkt und bekam eine Perücke aufgesetzt. Dann wurde er unter Blumenschmuck in der Truppengarage aufgebahrt. Nachdem die Familie unter Tränen von ihrem toten Vater Abschied genommen hatte, wurden die Angehörigen vom Lagerkommandanten Koch hinaus begleitet. Bei der Verabschiedung sagte er zu Frau Schneider: ›Ihr Mann war mein bester Häftling. Gerade als ich ihm seine Entlassung mitteilen wollte, starb er an Herzschlag.‹«

Eine satanische Heuchelei, wie sie kaum noch überboten werden konnte.

Pfarrer Paul Schneider war einer der frühen Mahner gegen den antichristlichen Geist der nationalsozialistischen Ideologie. Wegen seiner unerschrockenen Haltung und freien Rede gegen den Ungeist des NS-Regimes wurde er schon im Sommer 1937 in sogenannte »Schutzhaft« genommen.

Er bezeugte der SS gegenüber unerschrocken seinen christlichen Glauben. – In diesem Freimut war er wahrscheinlich der einzige im Lager.

Er nannte die Teufel bei Namen: Mörder, Ehebrecher, Ungerechte, Scheusale. Durch dieses Bekenntnis, dem er immer wieder die Gnade Christi gegenüberstellte und zur Buße rief, wurde Schneider abwechselnd schweren körperlichen Martern, Demütigungen und Ängsten ausgesetzt.

Die körperlichen Züchtigungen bestanden in brutalen Schlägen, Aufhängen am Fensterkreuz an den nach rückwärts gedrehten Armen frei oberhalb des Bodens, Essensentzug, schwarzer Bunker, d. h., Tag und Nacht wurde die Zelle völlig abgedunkelt, ohne Schlafmöglichkeit, in Angst- und Leidensschreien aus den nebenliegenden Zellen.

Dann kam er wieder in die helle Zelle, man brachte ihm Essen, er hatte normale Schlafmöglichkeit, und Heizung bei kalter Witterung. In diesen Tagen war er frei von Quälereien, abwechselnd eine Tortur aus »Zuckerbrot und Peitsche«.

Schneider war unermüdlich, den anderen Häftlingen immer wieder Worte aus der Heiligen Schrift zuzurufen, so vor allem morgens und abends beim Zählappell, wenn die Lagermannschaft vor dem Zellenbau antrat – ich selbst stand jedoch bereits außer Hörweite, doch wurde mir dies immer wieder bestätigt.

An einem Januarmorgen 1939, als in dem Zellenbau zwei flüchtige Häftlinge nach ihrer Wiedergefangennahme ermordet worden waren, rief Schneider beim Zählappell: ›Im Namen Jesu Christi bezeuge ich den Mord an diesen Häftlingen‹, worauf ein weiteres Bekenntnis durch Schläge erstickt wurde.

Der Häftling Karl Trzmiel berichtet in einem Brief vom 22. 3. 48:

»In dem Bunker, in dem sich die Dunkelarrestzellen befanden, lernte ich den Pfarrer Schneider kennen, der neben mir in der Zelle lag. Jeden Morgen hielt er für uns Häftlinge eine Morgenandacht, wofür er stets Schläge und Misshandlungen durch die Scharführer Sommer und Pleißner einstecken musste.

Ich erinnere mich noch ganz deutlich eines Vorgangs, als der Lagerführer Schober im Bunker erschien und dem Pfarrer mitteilte: ›Ihre Frau ist mit Ihrem jüngsten Kind tödlich verunglückt. Geht das Ihnen nicht zu Herzen?‹ (Dies war eine infame Lüge! – d. Verfasser)

Pfarrer Schneider entgegnete nach kurzer Pause: ›Gewiss, das geht mir zu Herzen, aber noch weit mehr bedrückt mich die furchtbare Behandlung der Häftlinge durch Sie.‹

Lagerführer Schober erwiderte wutentbrannt: ›Das sollst du mir büßen, du Lump!‹«

Präses Wilm berichtete auf dem Essener Kirchentag in seiner Schlussansprache:

»Es hat uns jemand erzählt, wie er auf dem Appellplatz im Lager Buchenwald gestanden habe, wie er dort grenzenlos allein, unheimlich gefangen gewesen und ohne Glauben, sich entschloss, in der nächsten Nacht in den elektrischen Draht zu gehen und mit seinem Leben Schluss zu machen.

Da hörte er an diesem Ort des Grauens und der Verzweiflung eine laute, klare Stimme über den Platz der zwanzigtausend Gefangenen schallen. Diese Stimme rief aus dem Fenster einer Bunkerzelle heraus:

›Jesus Christus spricht: Ich bin das Licht der Welt. Wer mir nachfolgt, wird nicht wandeln in der Finsternis.‹

Das war die Stimme des rheinischen Pastors Schneider. Der Mann, der uns das erzählte, hat gesagt: ›Er hat mich durch diesen Ruf gerettet! – Denn von da an wusste ich, dass doch einer bei mir ist!‹

Der österreichische Geistliche Leonard Steinwender berichtet in seinem Buch: »Christus im KZ« unter der Überschrift: ›Die Stimme des Rufenden in der Wüste‹:

»Vor dem einstöckigen Bunkergelände war der große Appellplatz, an dem sich die Häftlinge täglich morgens und abends zum Zählappell, meist verbunden mit allerlei Schindereien, einzufinden hatten. An den höchsten Festtagen ertönte während der Stille des Abzählens plötzlich die mächtige Stimme des Pfarrers

Schneider durch die dumpfen Gitter des ebenerdigen Bunkers. Er hielt wie ein Prophet seine Festtags-Predigt, das heißt, er versuchte zu beginnen.

Am Ostersonntag zum Beispiel hörten wir die mächtigen Worte:

»So spricht der Herr: Ich bin die Auferstehung und das Leben!«
Bis ins Innerste aufgewühlt durch den Mut und die Kraft dieses gewaltigen Willens, standen die langen Reihen der Gefangenen. Es war, als hätte eine mahnende Stimme aus einer anderen Welt zu ihnen gerufen, als hörten wir die Stimme Johannes des Täufers aus den Kerkern des Herodes, die gewaltige Prophetenstimme des Rufenden in der Wüste.

Mehr als einige Sätze konnte er nie sprechen. Dann klatschten schon die Prügel der Bunkerwächter auf ihn nieder oder ein Faustschlag schmetterte seinen zermarterten Körper in eine Ecke des Bunkers. Mit seinem starken Willen und seiner unbeugsamen Kraft wurde auch die brutale Gewalt nicht fertig. Mehr als einmal schleuderte er dem gefürchteten Lagerkommandanten den Vorwurf ins Gesicht:
»Sie sind ein Massenmörder! Ich klage Sie an vor dem Richtstuhl Gottes! Ich klage Sie des Mordes an diesen Häftlingen!« Und er zählte ihm die Namen der Opfer auf, die in den letzten Wochen ihr Leben lassen mussten.

Paul Schneider selbst war ein sterbender und doch bis heute lebendiger Zeuge der Auferstehung. Zwei große, bekannte Bibelworte wurden bei der Predigt am Grabe des Pfarrers verkündet:

»Leben wir, so leben wir dem Herrn, sterben wir, so sterben wir dem Herrn. Darum, ob wir leben oder sterben, so sind wir des Herrn. Denn dazu ist Christus auch gestorben und auferstanden und wieder lebendig geworden, dass er über Tote und Lebendige Herr sei« (Römer 14, 8-9).

Aber auch das Bekenntnis des Apostels Paulus aus dem Gefängnis kurz vor seinem Märtyrertod wurde zum Leitbild seiner grausamen Gefangenschaft und später seines Sterbens:

»Ich lasse euch aber wissen, liebe Brüder, wie es um mich steht, das ist nur mehr zur Förderung des Evangeliums geraten, also, dass ich meine Fesseln für Christus trage, das ist bei den Beamten des Sitzes beim Statthalter und bei allen andern offenbar geworden, und weil viele Brüder in dem Herrn durch meine Gefangenschaft Zuversicht gewonnen haben und sind um so kühner geworden »das Wort zu reden ohne Scheu« (Philipper 1, 12).

»Jesu, Dir leb' ich, Jesu, Dir sterb' ich,
Jesu, Dein bin ich, tot und lebendig!«,

waren die letzten Worte der Predigt am Grabe von Paul Schneider.

Die Briefe an seine Frau und Familie aus dem Gefängnis in Koblenz, wohin er zunächst abgeführt wurde, zeigen uns einen einfühlsamen Seelsorger seiner Familie, aber auch der ihm anvertrauten Kirchengemeinde.

Koblenz, 10. Oktober 1937

... Nun bin ich wieder eine Woche von Euch Lieben fort im heiligen Kriegsdienst der Kirche Jesu Christi ... Was mit mir wird, weiß ich noch nicht. Es ist leicht möglich, daß es Konzentrationslager gibt. Dann wollen wir uns beide auch getrost darein fügen! Jedenfalls bin ich noch nicht irre daran geworden, daß mein Entscheiden und Handeln recht gewesen ist. Vielleicht hast auch Du, Liebe, im Herzen die Tröstung über das Recht unseres Weges gewonnen. Vielleicht wird es Dir auch schon durch Geschehnisse in der Kirche und den Widerhall bei den Brüdern bestätigt, daß es recht war, hier dem Gebot der Obrigkeit nicht zu weichen. Im übrigen wird ja ferner Gott fest zu seinen Verheißungen stehen und uns tragen und helfen an Leib und Seele nach Seiner allmächtigen Kraft. Er wird uns den Trost geben in allem Leiden und den Segen von allem Leiden. Die aber das Leiden heute noch vermeiden wollen, die sollen wohl zusehen, daß sie nicht verwerflich und von Gott verworfen werden. Ich kann es einfach nicht fassen oder verstehen, daß man von Gott Freiheit bekommen könnte, sich um die Fürbitte für die Brüder und andere gebotene Zeugnisse herumzudrücken. Darum sei getrost und still, auch wenn wir weiter die einzigen sind, die in die Tiefen der Verfolgung hinein müssen. »Lasset euch die Hitze, die euch widerfährt, nicht befremden, als widerführe euch etwas Unbegreifliches. Vielmehr freuet euch, dass ihr mit Christus leidet!« Er kommt schon bald, und es kommt zuletzt die Erquickungszeit von unserem Gott, »da wird all ihr Gram und Leid lauter Freud und Lachen«.

17. Oktober 1937

… Oft, liebes Weib, komme ich mir wie ein rechter Rabenvater vor und denke, warum gerade ich das alles über Euch bringen muß, und ob ich ein Recht dazu habe, warum gerade ich mit unseren Gemeinden so exponiert sein muß. Dann sitze ich in rechter Bußstimmung in meiner Zelle, die dafür die richtige Umgebung ist. Aber wir können doch auch nicht anders, als den Weg gehen, den Gott uns führt und bei allem Nachsinnen ist es mir noch nicht gekommen, daß und wie wir es anders hätten machen können. So müssen wir unsere Sache getrost Gott anheimstellen und es Ihm überlassen, daß Er uns rechtfertigt, rechtfertigt im Glauben an unserem Geiste und Gewissen in aller unserer Sünde und gerechtfertigt auch vor der Welt, wenn es Zeit ist. … Und nun wollen wir trauen der Verheißung des Herrn, daß, wer all die Seinen und all das Seine verläßt um Jesu willen, es hundertfach wiederbekommen soll in dieser Welt und in jener das ewige Leben.

… Du kannst Dir denken, wie ich mich sehne nach den Gottesdiensten unserer Gemeinden oder auch nach dem Zuspruch des Wortes Gottes durch einen anderen Bruder, denn »ich wollte gerne hingehen und mit ihnen wallen zum Hause Gottes mit Frohlocken und Danken mit dem Haufen derer, die da feiern« (Psalm 42). Aber Gottes Geist und Segen sind ja nicht gebunden und kommen auch in der Stille und Einsamkeit meiner Zelle auf eine sonderliche Weise zu mir. In der Stille und Einsamkeit mit Gott und Seinem Wort hat jetzt unsereins reichlich das, was er sonst zu wenig hat oder sich zu wenig genommen hat. Darum dürfen wir Pfarrer in den Gefängnissen auch für uns persönlich die Haftzeit als freundliche Führung Gottes ansehen.

31. Oktober 1937

… Und gelt, Liebste, das haben wir nun durch unsere verschiedenen Trennungen auch erfahren, daß das innere Zusammengehören im Glauben vor Gott wichtiger, ja entscheidend wichtig ist, gerade auch für Eheleute, »daß eins das andere mit sich in den Himmel bringe«. Deine Liebe und Dein Trost und, ich darf sagen, auch Dein Glaube haben mich froh gemacht und mir weitergeholfen auf dem Weg des Glaubens, den ich, nein, den wir beide gehen dürfen. Entschädigt uns das nicht reich für alles äußere Vermissen und Entbehren aneinander, das wir nun tragen müssen? Daß auch Du darüber nicht murren und traurig sein willst, das hat mir Deinen letzten Brief so köstlich gemacht…

Heute morgen hatte ich wieder meinen schönen Gottesdienst mit Evangelium und Epistel und Gebeten und Liedern. Da denke ich dann Eurer … Das Evangelium wurde mir so groß, wie Gott, der ein Recht hätte, da Er mit uns »rechnen« muß nach dem Gesetz, uns mit Weib und Kind zu verkaufen, uns doch nach Seiner Gnade in Jesus Christus losläßt in die herrliche Freiheit der Kinder Gottes. Daß wir nun auch unseren Mitmenschen und Schuldnern gegenüber nicht als Schalksknechte erfunden würden!

14. November 1937

… Gott schenke Dir Kraft und Hilfe nach Seiner Verheißung: Er legt uns eine Last auf, aber er hilft uns auch. »Wie deine Tage, so deine Kraft, und unter dir sind ewige Arme«. Die tragen und halten fest. Gelt, das Schwerste ist die Gewissenslast, daß man immer sorgt, daß man es recht macht und vor Menschen und vor Gott bestehen kann. Das ist die Last, die uns Christen vor anderen aufliegt, viel schwerer als alles äußerliche Leiden. Dies wenigstens will ich mit Dir und für Dich tragen und manchmal liegt mir diese Last auch sehr schwer auf, und ich muß mich im Glauben immer wieder mühsam hochkrabbeln, daß ich vertrauen kann, daß Gott mein ganzes, unvollkommenes und sündiges Tun und Verantworten und Bekennen in Gnaden ansieht. In solchen Stunden wollen wir dann vertrauen, daß

Er unser sündiges Menschenwerk um des vollkommenen Opfers und Werkes Jesu willen in Seine treue Gotteshand nimmt und heiligt und reinigt und segnet. Über unserem ganzen Tun und Leben bleibt es wahr: Gottes Gnad' und Christi Blut macht ja allen Schaden gut. So wollen wir aufs Neue alles in Seine Hände befehlen.

24. November 1937

Nun sind, wie es scheint, die Würfel gefallen. Lager, ob es nun Konzentrationslager oder Schutzhaftlager heißt, ist wohl einerlei. — Was soll ich Dir nun noch raten? Das ist von außen her so leicht und billig … bedenke: »Lieber alle Kreaturen preisgeben, denn im Geringsten wider Gottes Willen tun«, und traue der Verheißung zugleich: »Wer Gott fürchtet, der hat eine sichere Zuflucht und seine Kinder werden auch beschirmt. Gott wird Dir Kraft geben, Du Liebe, Deinen Weg zu gehen.«

Pfarrer Schneider ist bereit, den Weg der Christusnachfolge bis ans bittere Ende weiter zu gehen. Sein Dasein ruht ganz in der Hand seines Herrn und Meisters Jesus Christus.

Noch kurz vor dem Transport in das Konzentrationslager Buchenwald gelingt es ihm, dank der Freundlichkeit eines Vollzugsbeamten aus Koblenz, noch einige Zeilen an seine Frau überbringen zu lassen:

… Wie wir es bisher getan haben, so wollen wir weiter Gott allein vertrauen, in Demut und Geduld von IHM allein alles

Gute erwarten und IHN von ganzem Herzen lieben, fürchten und ehren. So wird Gott mit uns sein, und wir werden nicht zuschanden werden in unserer Hoffnung. Seid getrost und treu und fürchtet Euch nicht. Ich behalte Euch fest in meinem Herzen. In Gott sind wir ungeschieden. Hab nochmals innig Dank für alle Liebe nach hier. Wir wollen dankbar sein für diese schöne Vorbereitungszeit für härtere Proben. Neue Leiden sollen uns neue Erfahrungen unseres Gottes und neue Herrlichkeiten bringen. Christus spricht: Ich bin bei Euch alle Tage. … In Liebe Dein Paul.

Noch in der äußersten Qual des Lagerdaseins und im Zusammenbruch seiner körperlichen Kräfte war Pfarrer Schneider seinen Mitgefangenen ein Tröster und, wie viele später bekannt haben, ein Retter aus der Verzweiflung. Auch im Lager hat er nicht aufgehört, mit der ihm eigenen Unerschrockenheit die Wahrheit zu sagen, wann immer ein Bekenntnis am Platz war.

Pastor PAUL HINZ[1]

Paul Hinz, Pastor am St. Mariendom zu Kolberg, wagte es, im Jahre 1937 eine Schrift unter dem Titel »... und lobten Gott. Zeugnisse evangelischer Pastoren und Laien. Der fürbittenden Gemeinde dargeboten« zu veröffentlichen. In der Vorrede heißt es: »Dieses Büchlein ist nicht für den allgemeinen öffentlichen Buchhandel bestimmt, sondern soll eine Dankesgabe sein an die, die das Wort aus Apostelgeschichte 12, 5 nicht vergessen: Petrus wurde zwar im Gefängnis gehalten, aber die Gemeinde betete ohne Aufhören für ihn zu Gott.«

Die Gemeinde Jesu ist nicht nur berufen, das Evangelium in friedvollen Zeiten und unter freiheitlichen Staatsgebilden zu verkündigen, sondern auch in Zeiten der Anfechtungen und Verfolgungen. Es gab eine unsichtbare Märtyrergemeinde, die sich, soweit es die Umstände zuließen, untereinander stärkte und tröstete, die sich über die Grenzen der konfessionellen Verschiedenheiten in einem einig waren, ihrem Herrn und Meister die Treue bis zum letzten Atemzug zu halten.

Drei ausgewählte Briefe von verschiedenen unbekannten Verfassern:

38

Der Gott aber aller Gnade, der uns berufen hat zu seiner ewigen Herrlichkeit in Christus Jesus, der wird euch, die ihr eine kurze Zeit leidet, vorbereiten, stärken, kräftigen, gründen (1. Petrus 5,10).

… Aber daß in dem allem, was wir erleben und erleiden, Gott etwas Großes mit uns vorhat, ist mir ganz gewiß und wird mir immer deutlicher. Mit uns persönlich, dir und mir, mit unserer Bekennenden Kirche, mit unserer ganzen Evangelischen Christenheit, ja, unserem ganzen Volk, den Feinden und den Gleichgültigen, den Zaghaften und den »Radikalen«, den Spöttern und den Frommen. Mit allen hat Gott etwas vor, mit jedem Einzelnen sicherlich etwas Verschiedenes und doch mit allen nur das Eine, Gemeinsame, daß Sein Name geheiligt und geehrt und Sein Evangelium verkündigt und geglaubt werde. Darum wird die Prüfungszeit, in der wir jetzt stehen, auch genau so lange dauern, bis dieses Gottes eigentliches Ziel erreicht ist, und das heißt auf uns persönlich angewandt: Wenn wir die Lektion wirklich gelernt haben, die Gott uns zu lernen jetzt aufgibt. Dem natürlichen Menschen fällt das nicht leicht und doch hängt alles daran, daß wir uns jetzt der Schule Gottes nicht entziehen, sondern willig Ja sagen zu dem, was Gott uns schickt. Es kommt aus Seinen Händen und gar nicht aus denen der Menschen, und Gott hat auch alle Tage aufs Neue Seine Hilfe, Seine äußere und innere Hilfe bereit für die, die Ihm tatsächlich vertrauen.«

… um eins möchte ich Sie alle bitten: Daß wir der Müdigkeit keinen Raum geben! — Es gehen wieder Stimmen um, die uns einreden wollen, das Leiden unserer Kirche sei ein Anzeichen für die Verkehrtheit ihres Weges. Darauf erwidern wir getrost, daß uns die Apostel das anders bezeugt haben. — Freilich, das wissen wir und dabei bleiben wir: So wenig unser Wohlergehen uns den Frieden mit Gott verschafft oder verbürgt, so wenig tut das unser Leiden. Sondern dieser Friede bleibt Werk und Gnade des Einen, dessen Leiden mit der Krippe anhob und am Kreuz sich vollendete, damit wir als die Seinen Gottes Kinder heißen dürfen. — Dieser frohen Kunde Gottes an uns laßt uns glauben und in ihrer Kraft den Weg weitergehen — dem Einen nach —, unbekümmert um den Tadel der Menschen, aber mit dem Frieden Christi im Herzen und mit dem Lob Gottes auf den Lippen! Das helfe uns Gott!

Schon der bekannte Kirchenlehrer Johannes Chrysostomus aus Antiochia, einer der bedeutendsten Prediger der griechischen Kirche, schrieb und predigte über den wahren Stand der Jünger Jesu auf Erden:

»Viele Wogen, furchtbare Stürme! Aber wir fürchten nicht, dass wir zugrunde gehen; denn wir stehen auf einem Felsen. Das Meer, mag es toben, diesen Felsen wird es nicht zerstören. Der Sturm, mag er heulen: Christi Schiff wird nicht versenkt werden! Und wahrhaftig, was sollten wir fürchten? Den Tod? »Christus ist mein Leben, und Sterben mein Gewinn« (Philipper 1,21). Die Verbannung? »Des Herrn ist die Erde und was sie erfüllt« (Psalm 24,1).

Den Verlust der Güter? «Wir haben nichts in die Welt gebracht, wir werden auch nichts aus ihr hinausnehmen» (1. Timotheus 6,7). Was die Welt Schreckliches hat, ich verachte es. Was die Welt Reizendes hat, ich spotte dieser Dinge. Ich zittere nicht vor der Armut, ich verlange nicht nach Reichtum. Ich bebe nicht vor dem Tode, ich hänge nicht am Leben, es sei denn um eurer Seelen willen. Niemand wird uns losreißen von unserer Liebe zueinander. Was Gott vereint hat, werden die Menschen nicht trennen. Baue ich vielleicht auf die eigene Kraft? Nein! Ich besitze die Verheißung des Herrn: Ich trage seine Handschrift bei mir, auf diese stütze ich mich wie auf einen Stab. Mag der ganze Erdkreis erschüttert werden. Ich halte den Schutzbrief meines Herrn in der Hand; ich lese seinen Inhalt, der mir eine Mauer und ein unbezwingbarer Schutzwall ist. Soll ich euch den Schutzbrief meines Herrn vorlesen? »Ich bin bei euch alle Tage bis ans Ende der Zeiten.« Christus ist bei mir! Wen soll ich fürchten? Johannes Chrysostomus.

EWALD VON KLEIST-SCHMENZIN[1]

Ehe Hitler an die Macht kam, hatte der erfahrene Diplomat Ewald von Kleist-Schmenzin den Nationalsozialismus durchschaut. Deshalb verfasste er schon 1932 ein politisches Flugblatt unter dem Titel:

»Der Nationalsozialismus – eine Gefahr!«

Schon damals prophezeite er: »Das Ende einer nationalsozialistischen Regierung wird auf jeden Fall das Chaos sein!«

Ewald von Kleist wurde am 22. März 1889 in Groß-Dubberow in Pommern geboren. Er gehört der seit Jahrhunderten existierenden Familie des preußischen Hochadels an.

Sein tiefer Glaube an Jesus Christus und seine staatsmännische Einsicht verboten es ihm, mit dem brutalen, antichristlichen System der nationalsozialistischen Bewegung zu paktieren. Er kannte und durchschaute den machtbesessenen Dämonen Hitler. Deshalb warnte er Paul von Hindenburg, den damaligen Reichspräsidenten, mit schonungslosen Worten vor ihm. Der greise Reichspräsident teilte seine Ansichten, aber schon sechs Wochen später stimmte er der Ernennung Adolf Hitlers zum Reichskanzler zu.

Sofort zog sich Ewald von Kleist von der großen Politik zurück, indem er seinen Freunden, Kollegen und Bekannten klipp und klar erklärte, es gäbe keine Hoffnung mehr für Deutschland, die ganze Nation würde einer grauenhaften Katastrophe entgegengehen. Er selbst sei nicht bereit, an diesem Untergang mitschuldig zu werden.

Zunächst widmete er sich der Leitung seines Rittergutes und hatte so die Möglichkeit, politischen Flüchtlingen eine erste Zuflucht zu gewähren oder helfend einzugreifen. Im ganzen Landkreis besorgte er bei Freunden Zufluchtsstätten für die Verfolgten des Naziregimes.

Später kam es zur Zusammenarbeit mit der Bekennenden Kirche Deutschlands. Die vorbehaltlose Begegnung zwischen Dietrich Bonhoeffer und den Familien des pommerschen Adels wurde möglich, weil beide Parteien angesichts der notvollen Zeit bereit waren, gegen das antichristliche Regime mit der Bekennenden Kirche aus dem Untergrund gegen die Verweltlichung der Deutschen Christen zu Felde zu ziehen.

Somit zog er sich natürlich sehr schnell den abgrundtiefen Hass der neuen Machthaber zu. Schon am 1. Mai 1932 wurde er verhaftet, doch nach einigen Tagen wieder entlassen, dann aber am 21. Juni 1932 wieder verhaftet, um wochenlang festgehalten zu werden.

Am Tag nach dem misslungenen Attentat auf Hitler, am 21. Juli 1944, wurde das Herrenhaus des Rittergutes von der Gestapo umstellt, Ewald von Kleist verhaftet und nach Stettin gebracht. Als man ihn nach Wochen nach Berlin brachte, ahnte er, dass dies wohl sein Ende bedeutete.

Hier begann er seine christliche Glaubensüberzeugung in Briefen niederzuschreiben.

8. Oktober 1944

Die ersten Wochen hier in Berlin waren nicht schön — von jeder, aber auch jeder Verbindung mit der Außenwelt abgeschnitten. Kein Lebenszeichen von Dir, ich nahm an, daß Hermann gefallen sei, mich quälte der Gedanke an Ewald-Heinrich, von dem ich wußte, daß er auch im Gefängnis saß, da wir beide zufällig im selben Augenblick eingeliefert wurden und uns dabei gesehen haben. Ich habe immer wieder gebetet, mir eine Nachricht über Dich und Hermann zukommen zu lassen, ob Ihr noch lebtet. Alles vergeblich, nicht einmal eine Ablehnung meiner Gesuche erfolgte — nichts. Es war, als ob ich lebend im Sarg läge.

Diese Tage waren schwer, aber jetzt, wo sie hinter mir liegen, möchte ich sie nicht missen, auch in ihnen war die gnädige Führung Gottes. Ich bin in ihnen meines Glaubens völlig gewiß geworden, er hat allen Belastungen unerschüttert standgehalten. Es hat nicht einen Augenblick des Schwankens oder der Verzweiflung gegeben. Ich habe auch in den Tagen Gott danken können. Es war mir manchmal, als ob ich beinahe körperlich die führende und zu sich ziehende Hand Gottes spürte. Und das war durchaus frei von Exaltation und Schwärmerei. Die Sicherheit, daß dieses Leben nur eine sehr kurze Prüfung ist und der Tod uns einst als Freund und Erlöser aus allem Leid in das Glück führen wird, näher zu Gott, hat über alles sicher hinweggeholfen.

Und dann kam ganz unerwartet der Tag, wo sich die Zellentür auftat und mir der von Dir geschriebene Gruß und die Lebensmittel gebracht wurden. Ich glaube, Du kannst es Dir kaum vorstellen, wie ich mich gefreut habe. Und dann täglich die Sendung. Der ganze Tag vorher und nachher erhielt von daher einen Schimmer … Das Köstlichste an den Sachen war Deine Liebe, die aus allem durchleuchtete, nicht zum wenigsten, daß Du Dich so lange von den Kindern trenntest. Am 19. September schicktest Du mir die ersten Rosen. Ein Blättchen von diesen Rosen bewahre ich jetzt noch auf.

10. November 1944

Lange Schreibpause. — Eins habe ich noch gelernt, dankbar sein den Menschen auch für unscheinbare Freundlichkeiten, vor allem aber Gott. Trotz allem Schweren hat Er mir doch soviel Gutes gegeben, darunter mit das Beste, was der Mensch haben kann: vom ersten Lebenstage bis heute hat mich treue, selbstlose Liebe in ungewöhnlichem Maß begleitet. Ich habe auch immer einige treue Freunde gehabt. Und das ist wohl mehr als die Erfüllung mancher ins Weite greifender Wünsche und Pläne. Ich sehe es immer klarer, wir Menschen — gerade wir Weißen, wir Europäer — werten alles falsch, weil wir uns von Gott entfernt haben, die heutige Zeit hat keinen richtigen Maßstab mehr.

Die Menschen jagen vergänglichen Zielen nach und wissen nicht mehr, was und wo Glück ist; sie wissen wirklich nicht mehr, wofür sie dankbar sein sollen. Das Köstlichste aber ist die Liebe und Gnade Gottes, die jeden, der da glaubt, erlösen wird aus aller Not, jedem Schmerz, und ihm schon auf Erden hilft durch seinen Geist. Gott hat uns alles offenbart, was wir zum Leben und Sterben brauchen. Ich habe es wirklich erfahren: Dennoch bleibe ich stets an Dir, denn Du hältst mich an meiner rechten Hand; Du leitest mich nach Deinem Rat und nimmst mich am Ende mit Ehren auf. Wenn ich Dich nur habe …

Ich habe es erfahren mit unbeschreiblich beseligender Gewißheit. Ich habe es gelernt, Gott zu danken, und was es heißen soll: »Du sollst Gott lieben über alles.« Er hat mich nicht fallen lassen, Er hat mich immer wieder zu sich gezogen, aus lauter Güte. —

Auch meine Einstellung zum Gebet hat sich gewandelt. Ich hatte mich dem Standpunkt genähert, daß eigentlich nur für innere Gaben ein inständiges Gebet gesprochen werden sollte, weil Gott in seiner Weisheit, unbeeinflußbar durch ein Gebet, gäbe oder verweigere.

Als junger Mensch habe ich über meine Großmutter manchmal etwas gelächelt — in diesem Lächeln war aber immer noch Ehrerbietung, damals war man nicht so ehrfurchtslos wie heute —, wenn sie um die geringfügigsten

Dinge in kindlicher Gläubigkeit betete und dafür dankte. Ich denke jetzt ganz anders darüber. Ich weiß es nicht und soll es wohl auch nicht wissen, wie weit Gott Gebet erhört. Die Erhörung aber einfach bestreiten kann nur der dumme Verstand. »Und was kein Verstand der Verständigen sieht, das übt in Einfalt ein kindliches Gemüt.«

Sicher aber hat ein Gebet mit dem inneren Zusatz »aber Dein Wille geschehe« Segen in sich und gibt Trost und Kraft. Ich glaube auch, daß ein ernstliches Gebet erhört werden kann, wenn die arme Vernunft es sich auch nicht vorstellen kann. Ich bete wieder ständig für vieles, namentlich für meine Lieben. Der Mensch soll sich mit allen Sorgen und Freuden zu Gott wenden, sonst verliert er die lebendige Verbindung mit Ihm. Man soll es tun in gesammelter, ernster Versenkung, es soll ein Sich-Gott-Öffnen sein. In dieser Bitte soll man hören und hören wollen und Gott bleibt nicht stumm. Ich weiß es.

Es ist von größter Wichtigkeit, daß Kinder viele Kirchenlieder und gute Bibelsprüche lernen, und zwar so, daß sie sie für das ganze Leben sicher behalten. Das ist wichtiger als die Katechismuserklärungen. Auch Erwachsene sollen sich keine Mühe verdrießen lassen, Lieder und Sprüche nachzulernen. Sie helfen wirklich.

Ich habe früher immer Glauben, Gehorsam und Vertrauen betont, aber wohl doch zu wenig die Liebe zu Gott und den Nächsten. Freilich meine ich nicht die wehmütige Liebe, die sogenannte Wohltätigkeit und »soziale Gesinnung«, die nur diesseitige, materielle Dinge im Auge hat, also Gott gerade entgegenhandelt, indem sie Gedanken,

Wünsche und Bestrebungen der Menschen von Gott und den ewigen Dingen weglenkt und die Menschen geradezu lehrt, sich gegen das Gebot: »Du sollst nicht begehren« zu versündigen.

16. November 1944

Seit längerer Zeit weiß ich, daß ich zum Tod verurteilt werde. Nur der Gedanke an Dich und die Kinder macht es mir schwer, vor allem der Gedanke an Deinen Schmerz. Daß Gott Dich und die Kinder in Gnaden führen und trösten und stärken möge, ist mein tägliches innigstes Gebet. Sonst aber sterbe ich gern, wenn Gott mich abruft.

Du weißt, wie ich immer den Tod als Freund und Erlöser angesehen habe und nicht als etwas Furchtbares und eine Strafe. Nur die Gewißheit des Todes macht das Leben erträglich. Nur durch den Tod können wir glücklich werden. Glück ist nur bei Gott. Alles Irdische ist vergänglich, ist eitel (Prediger Salomo). Gewiß, wir sollen nicht weltabgewandt leben, sondern mit ganzer Kraft in den irdischen Dingen, sei es Politik, Wirtschaft, Kultur usw. arbeiten, um zu versuchen, nach bester Überzeugung diese Dinge nach Gottes Willen zu gestalten, wir dürfen und sollen uns auch an den irdischen Gaben Gottes freuen. Aber wir dürfen nie unser Herz an irgend etwas Irdisches hängen. Denn alles dies wird vergehen, auch alle Staaten und Völker. Unsere Seele aber ist unsterblich.

Wie unendlich klein ist, mit dieser Unsterblichkeit verglichen, die Dauer auch des gewaltigsten Weltreiches! Nur das ist wirklich wichtig für uns, daß unsere Seele zu Gott kommt, nur das, nur das und nichts anderes. Wir dürfen traurig sein über den Verlust irdischer Dinge; den Untergang dessen, wofür wir unser ganzes Leben gearbeitet haben, aber wir brauchen und dürfen nicht verzweifeln; es ist nur ein Verlust für einen so kurzen Augenblick wie das Leben, und unser Glück wird dadurch überhaupt nicht berührt, das ist allein bei Gott, jenseits des Lebens, und die Pforte dazu ist der Tod. Auch der Verlust des liebsten Menschen nimmt uns das Glück nicht. Wir werden nach einer kurzen Prüfung mit unseren Lieben wieder vereint sein in Gottes Herrlichkeit, wo Er abwischen wird alle Tränen. Das ist gewisslich wahr. Wir müssen das glauben, müssen uns dazu durchringen und wenn es noch so schwer wird und wir immer wieder einmal zurückfallen. Gott gibt uns die Kraft dazu, wenn wir darum bitten mit der ganzen Kraft des Herzens, Ihm das Herz öffnen: Dein Wille geschehe. Gott bleibt nicht stumm, wenn es auch Zeiten gibt, wo wir IHN nicht hören. Gott ist die Gnade, Gott ist die Liebe. Alles, was Er tut und uns auferlegt, ist gut, alles. Selig ist der Mann, der die Anfechtung erduldet. Fürchte Dich nicht, glaube nur. Fürchte Dich nicht, ich habe Dich erlöst, ich habe Dich bei Deinem Namen gerufen, Du bist mein. Ich habe Dich je und je geliebt, darum habe ich Dich zu mir gezogen aus lauter Güte. — Denke zu allen Zeiten an das wunderschöne Lied »Weiß ich den Weg auch nicht, Du weißt ihn wohl …«. Sei darum nicht traurig, wenn Gott Dich von diesem Leben erlöst und zu sich nimmt. Das ist meine große Bitte.

Heute sollte ich Dich, meine liebe Alice, sprechen. Ich habe mich unbeschreiblich darauf gefreut — da kam die Nachricht von Wilfrieds schwerer Erkrankung. Wieder kommt unmittelbar vor dem so sehnsüchtig erwarteten Wiedersehen etwas dazwischen. Werde ich Dich noch einmal sehen? Gott erhalte Wilfried am Leben. Aber »Dein Wille geschehe«. Was Gott tut, das ist wohlgetan. Er legt uns eine Last auf, aber Er hilft uns auch. Dieses so kurze Leben wird Gott zu Seiner Zeit beenden und uns in die ewige Heimat aufnehmen, in die Seligkeit. Arme Alice, was mußt Du alles tragen, und wie tapfer trägst Du es. Gottes Kraft ist in Dir viel stärker als Du es weißt. In allem Kummer behältst Du den Kopf oben und denkst liebevoll an andere. Sei getrost, Gott wird es Dir einst lohnen. Du bist, ohne daß Du es weißt, ein Mensch, der auch andere zu Gott führt. — Ja, es ist ein sehr trauriger Tag, aber Gott hat mein Herz still und ruhig gemacht. In allem Kummer konnte ich doch den Psalm lesen: »Lobe den Herrn, meine Seele«. — Außer der Sorge um Wilfried ist es die Sorge um Dich, die mich belastet. Der Tag, wo Du erfährst, daß ich tot bin! Jetzt hoffst Du noch. Wie wird dieser Schlag Dich treffen! Möge Dir der barmherzige Gott beistehen. Er wird es tun. Es gilt für uns alle:

> »Drum wart ich still,
> Dein Wort ist ohne Trug.
> Du weißt den Weg für mich,
> das ist genug.«

Fürchte Dich nicht, glaube nur.

Werdet Ihr einmal ganz mittellos dastehen in diesen furchtbaren Zeiten? Gott allein weiß es. Aber ein Vermächtnis kann ich Euch hinterlassen, das unvergänglich ist und mehr als alles irdische Gut, das ist mein Einsegnungsspruch: »Trachtet am ersten nach dem Reich Gottes«. Dieses Wort laßet Leitstern Eures ganzen Lebens sein, dann kann Euch nichts Böses widerfahren, dann werdet Ihr selig werden. Wer den Willen Gottes tut, der bleibt in Ewigkeit. Die irdischen Aufgaben sollt Ihr mit allem Ernst und nach Gottes Willen erfüllen. In diesen vergänglichen Dingen muß der Mensch sich nach Gottes Willen abmühen. Aber alles dies wird vergehen, unvergänglich ist nur, was Ihr für Eure Seele und die Seelen anderer tut. Und das ist mein Vermächtnis, mein letzter Wille, daß Ihr Euer ganzes Leben Gott vor Augen und im Herzen haben sollt, in Glauben, Gehorsam, Vertrauen und Liebe. Gott sollen wir lieben über alles. Ihr müßt Euch ganz freimachen von den Anschauungen, in denen in heutiger Zeit fast alle Menschen leben, die dem Diesseits einen viel zu großen Wert beilegen. Bedenkt doch, diese Erde, auf der wir leben, ist verglichen mit dem Teil der Welt, den wir kleinen Menschen kennen und der unzählige Millionen Lichtjahre groß ist, ein unendlich winziges Staubkörnchen nur. — Und da sollte, was auf diesem Staubkorn geschieht, in der unendlichen Schöpfung Gottes wichtig sein? Wie kurz ist auch das längste menschliche Leben, gemessen an der Ewigkeit, zu der wir berufen sind.

Es ist doch nur ein so kurzer Augenblick. Auch das Schwerste geht vorüber, und auch das Schwerste ist tragbar für den, der Gott um Kraft bittet. Und wenn der Gehorsam gegen Gott die furchtbarsten Leiden bringt, so dürfen wir doch keinen Augenblick zögern, Gott zu gehorchen, um unserer selbst, das ist um unserer Seele willen. Das irdische Leid vergeht, die Seele aber ist unsterblich. Wenn alle jetzigen Völker vergangen sein werden, werden wir, wird unsere Seele noch sein. Ich weiß, wie schwer es ist, zu glauben, zu gehorchen, das Böse in uns zu bekämpfen; wie schwer es ist, das Herz von allen irdischen Bindungen freizumachen. Immer wieder wird der Mensch straucheln und fallen, immer wieder. Werdet nicht mutlos in diesem Kampf. Gott hilft auch. Von Jugend auf bedenkt, daß Ihr sterben müßt. Immer wieder macht Euch für diesen Augenblick bereit. Öffnet täglich Euer Herz Gott, im Gebet, im Hören. Immer wieder, immer wieder, Er hilft, Er gibt Seine Kraft und Seinen Trost. Sucht Euer Glück in Gott und Ihr werdet es finden. Er hält uns an unserer Hand und führt uns und nimmt uns am Ende in Ehren auf.

Ergebt Euch ganz in Gottes Willen. Er wird's wohl machen. Lehnt Euch nie und nie, auch nicht im geheimsten Kämmerchen Eures Herzens gegen das auf, was Gott über Euch verhängt hat, und Ihr werdet es erleben, wie unvergleichlich viel leichter sich alles ertragen läßt. Ich schreibe kein einziges Wort, was ich nicht selber mit Dank gegen Gott erlebt habe. Es ist die Wahrheit von Ewigkeit zu Ewigkeit. Das alles aber fällt dem Menschen nicht in den Schoß. Es muß erkämpft sein, in stetigem Kampf mit sich, täglich, ja manchmal stündlich. Aber der innerlich gefühlte Segen bleibt nicht aus, der alles aufwiegt. Glaubt es mir. Ich habe es erlebt. Lest und lernt doch auswendig das Lied von Paul Gerhardt »Ich bin ein Gast auf Erden«.

Meine liebe, liebe Alice, ich danke Dir für alle Deine große Liebe, für alles, was Du mir gewesen bist. Mein Herz ist immer bei Dir, und meine innigsten Gebete gelten Dir. Sieh, ich bin dann bei Gott, in Seinem Glück. Das soll Dich trösten. Gottes Wille ist heilig und gut. Und das ist mein tröstlicher Glaube und das muß auch Dir Trost geben, daß wir uns wiederfinden werden bei Gott. Nach einer kurzen Prüfungszeit wirst Du mit mir wieder bei Gott vereint sein.

Wir können wirklich durch Gottes Gnade sprechen: Tod, wo ist dein Stachel, Hölle, wo ist Dein Sieg? Gott aber sei Dank, der uns den Sieg gegeben hat. Gegen unseren Glauben ist alle Niedrigkeit, alle Menschenmacht ohnmächtig. Alles Leid wird sich wandeln, ganz gewiß, in Seligkeit. Gott gebe Dir Kraft und Trost, ja, Er wird es tun. Du wirst es fühlen. Er segne Dich und behüte Dich von nun an bis in Ewigkeit, bis auch Du einst durch den Freund und Erlöser Tod gelangst aus dem Glauben in das Schauen, aus der Hoffnung in die Erfüllung. Alles Leben hat nur einen einzigen Sinn, ein einziges Ziel: Näher zu Gott. Gott wird Dir überreich lohnen alle Deine selbstlose Liebe und Güte.

Gestern habe ich Haftbefehl wegen Hochverrats erhalten. Nun wird es wohl nicht mehr allzu lange dauern.

Es ist mir doch eine Erleichterung, daß ich diese Aufzeichnungen gemacht habe. Ich hoffe doch, daß sie in Deine Hände gelangen.

Der Wert eines Volkes wird allein dadurch bestimmt, wie weit es auf Gott gerichtet ist. Es kann ein nichtchristliches Volk Gott viel näher stehen als ein christliches. Die heutigen christlichen Völker stehen Gott sehr fern. Aber es kommt in der Welt eine andere, bessere Zeit. Ich glaube, daß in dem, was ich geschrieben habe, doch vieles ist, was in den Händen von Menschen, die es mit dem Herzen verstehen und von demselben Glauben ergriffen und beherrscht sind, sich weiter gestalten ließe zum Segen. Einmal wird dieser Glaube in der Welt siegreich das Haupt erheben.

Und nun noch einmal: Liebe, liebe Alice, gib Dich nicht zu stark dem Schmerz über meinen Tod hin. Es ist nicht recht. Denn sieh, das Beste bleibt Dir doch: Gott.

7. Dezember 1944

Gestern habe ich Dich endlich gesehen und gesprochen. Das war mein letzter großer Wunsch. Ich war immer in Unruhe, daß wieder etwas dazwischen kommen würde. Nun habe ich diese letzte große Freude noch erlebt. Ich danke Gott dafür und daß Er dich in dem schweren Luftangriff behütet hat. Wie glücklich hast Du mich in dieser kurzen halben Stunde gemacht. Nun habe ich Dich wohl zum letzten Mal in diesem Leben gesehen. Der Abschied war mir doch sehr schwer. Ich habe Dich bewundert, wie stark Du Dich in der Hand hattest und Deinen Schmerz nicht zeigtest. Gott hat Dir viel Kraft gegeben. Das ist mir ein so großer Trost.

Nach menschlichem Ermessen werde ich Euch alle nicht wiedersehen — nie wieder — und dennoch: Dein Wille geschehe.

10. Dezember 1944

Zweiter Adventssonntag! Habe wieder eine stille Feierstunde gehalten. Viele Erinnerungen aus meinem Leben tauchen auf. Es sind eigentlich immer freundliche Erinnerungen. Jetzt, wo keine weltlichen Geschäfte und Sorgen den Blick nach innen und oben stören, begreife ich immer besser, worin das Glück auf Erden liegt. Es liegt in der Liebe zu Gott und Menschen, in Selbstlosigkeit, Güte und Freundlichkeit, womit sich Ernst, Strenge, Schärfe, Kampfbereitschaft durchaus vereinigen lassen. Wieviel habe ich daran fehlen lassen. Ich habe bisher gedacht, es müßte ein großes Unglück sein, völlig zu erblinden. Das glaube ich nicht mehr. Ich könnte mir vorstellen, daß man auch als Blinder sehr glücklich sein kann. Ich möchte, dass es recht viele hören und in sich aufnehmen, dass das Glück im Innern liegt und nicht in äußeren Dingen, allein in der lebendigen Verbindung mit Gott.

Denn dazu sind wir da, daß wir die Wahrheiten, die wir erkannt haben, nicht für uns behalten. Weitergeben können wir sie mit Erfolg dann, wenn wir nach ihnen leben.

Genieße, was Dir Gott beschieden,
entbehre gern, was Du nicht hast.
ein jeder Stand hat seinen Frieden,
ein jeder Stand hat seine Last.

Diesen Vers hat mir Mama eingeprägt. Er enthält eine der wichtigsten Wahrheiten. Nur wer in diesem Sinne lebt, kann Zufriedenheit kennen und ohne Zufriedenheit kein Sich-glücklich-Fühlen. Du sollst nicht begehren! Die Sünde gegen dieses Gebot ist das Kennzeichen unserer Zeit.

31. Dezember 1944

Silvesterabend. In Liebe und Dankbarkeit bin ich mit dem Herzen bei Dir, den Kindern und bei Mama. Jetzt werdet Ihr wohl im Salon beim Weihnachtsbaum sein und die schönen Lieder singen. Alle früheren Silvesterabende ziehen an mir vorüber. Ich glaube, ich habe seit 30 Jahren keinem Neuen Jahr mit solcher inneren Ruhe entgegengesehen wie heute, »denn Du hältst mich bei meiner rechten Hand, Du leitest mich nach Deinem Rat und nimmst mich am Ende mit Ehren auf.« »Der Herr ist mein Hirte, mir wird nichts mangeln.« Möchtet Ihr doch alle von allzu trüber Stimmung frei bleiben. Mein ganzes Leben zieht, wie schon so oft, an mir vorüber. Ich sehe es erst jetzt so ganz, wie dankbar ich Gott sein muß. Wie viel Glück und Gutes hat er mir gegeben und gibt es mir täglich.

Und nun befehle ich mich und Euch alle in Gottes treue Hände. Möge er uns alle einst vereinen in Seinem Reich, in unserer Heimat.

6. Januar 1945

Seit langer Zeit ist meine Stimmung zum ersten Mal wieder etwas gedrückt. Aber durch Fühlungsuchen mit Gott im Gebet wird diese Stimmung nicht übermächtig. Ich habe es zu oft erfahren, Gott hält einen an der Hand und Er hilft weiter. Ich habe diese Tage aus tiefstem Herzen gebetet — doch immer mit dem Zusatz: Dein Wille geschehe.

Ich glaube, Du weißt gar nicht, was Du mir alles in dieser Zeit mit Deiner selbstlosen Liebe gegeben hast. Vor allem hast Du mir in der ganzen Zeit unserer Ehe eines gegeben: Du hast mich besser gemacht und mir auf dem Wege näher zu Gott vorwärts geholfen. Das ist das Höchste, was ein Mensch geben kann.

Ja, Gott ist die Liebe und Er ist barmherzig, Er hilft denen, die Ihn suchen und Ihm blind glauben. Er ist so, wie Du in Deinem letzten Brief schreibst: »Fürchte Dich nicht, ich habe Dich erlöst. Ich habe Dich bei Deinem Namen gerufen. Du bist mein.« Und: »Es kann uns nichts geschehen, als was Er hat ersehen.« Und Sein Wille ist gut. Das ist die Hilfe Gottes, daß ich Ihm auch in trüber Stimmung noch danken kann. Die Gewißheit, daß jenseits des Todes in Gottes Reich uns das Glück erwartet, ist der köstlichste Besitz. In dem Gefühl der Verbundenheit mit Gott kann auch schon in diesem Leben Seligkeit liegen. Aber solange wir im Körper sind, bleibt dieses selige Gefühl doch behindert. Wie wird es herrlich sein, wenn wir den Körper verlassen haben. Hier auf Erden müssen wir Geduld lernen, viel Geduld. Aber der Tag kommt, wo Gott abwischen wird alle Tränen. Es ist wirklich so, je williger wir die uns auferlegte Last tragen, desto leichter wird sie. Je häufiger und inniger wir uns an Gott wenden, desto mehr nähert Er sich uns.

Heute hat mir der Rechtsanwalt gesagt, voraussichtlich würde in etwa 14 Tagen gegen mich verhandelt. Die Todesstrafe wäre völlig sicher. Ich war darauf gefaßt, aber ich wundere mich doch, einen wie geringen Eindruck diese Mitteilung auf mich gemacht hat. Es liegt wohl daran, daß mich nur noch die Liebe zu Dir, den Kindern und Mama mit der Erde verbindet. Sonst glaube ich, hat sich meine Seele von dem Irdischen weitgehendst freigemacht. Nur der Gedanke an Euch ist mir schmerzlich. Sonst bin ich völlig ruhig. Es geht zum Vater. Es ist eigenartig, daß ich mich dabei noch über Essen, Rauchen und ein Buch harmlos freuen kann.

19. Januar 1945

Es war schön, Dich heute zu sprechen. Sehr glücklich darüber. Morgen also Urteil. Ich befehle alles in Gottes Hände.

MICHAEL KITZELMANN

Michael Kitzelmann hatte drei Semester Theologie studiert, als er zur Wehrmacht eingezogen wurde.

Als Sohn eines Landwirtes wurde er am 29. Januar 1916 in Horben im Allgäu geboren. Als Soldat erlebte er den Feldzug in Polen und Rußland. Hier wurde er denunziert, weil er sich seinen Kameraden gegenüber geäußert hatte: »Wenn diese Verbrecher siegen, möchte ich nicht mehr leben!«

Daraufhin wurde er am 11. Juni 1942 vor ein Kriegsgericht gestellt und zum Tode verurteilt.

Am 12. Juni 1942 musste er sterben. Seine Tagebuchnotizen während seiner Haftzeit muten uns wie ein Gespräch mit seinem himmlischen Meister und Heiland an:

… Finsternis und Grauen umnachten meine Seele. Stille, unerträglich still ist es um mich. Hilflos bin ich mir selbst überlassen. Zum Tode verurteilt! —

Wer vermöchte meine Seelenqualen zu ermessen? Wie furchtbare Gespenster verfolgen sie mich Tag und Nacht und dabei diese entsetzliche Verlassenheit, dieses Eingesperrtsein, diese erdrückende Stille. Stundenlang schreite ich in der Zelle umher, um meine Schritte zu hören; ich heize den Ofen, nur um das Knistern des Feuers zu hören; ich fange an laut zu beten, um meine eigene Stimme zu vernehmen. Und ich schreie empor zum Himmel, zu Gott um Hilfe in meiner gewaltigen Seelennot …

Von unbeschreiblichem Heimweh ist mein Herz zerwühlt, dieses Weh übersteigt alle anderen Kümmernisse. Die ferne, schöne Heimat; nie wirst du sie wiedersehen, das Elternhaus, den Garten davor, die vielen Obstbäume, die grünen Wiesen und die rauschenden Wälder rundum, das stille Pfarrkirchlein im Argental, den Kranz der nahen Berge. Ein Gottesgarten, ein halber Himmel bist du auf dieser leidvollen Welt. Welch namenloses Leid habe ich durch mein Ungeschick über Euch alle, Ihr Lieben, bringen müssen. Der größte Schmerz für ein Menschenherz ist es, der Liebe wehtun zu müssen …

In flehentlichem Gebet wende ich mich an Jesus den Gekreuzigten, der uns den Weg durch bitteres Leid vorangegangen ist. Er aber spricht zu mir: »Wenn du mein Jünger sein willst, so nimm dein Kreuz und folge mir!«

Und wieder rufe ich ihn an: »Herr, ich bin noch so jung, zu jung für ein solch schweres Kreuz, mein Leben ist noch ungelebt, all meine Hoffnungen, Ziele, Pläne unerfüllt.«

Er sagt zu mir: »Sieh' an, auch ich war jung, hatte das Leben noch vor mir und jung habe ich mein Kreuz getragen und mein junges Leben hingegeben.«

Abermals klagt meine Seele: »Sieh an mein bitteres Heimweh, das Leid der Meinen. Laß mich zum Leben zurückkehren und laß mich ihrer Liebe nichtweh tun.«

Jesus entgegnet mir: »Wenn du nicht aller Habe, aller irdischen Liebe entsagst, kannst du nicht mein Jünger sein. Folge mir!«

Wieder beginnt meine Seele zu klagen: »Ach, Herr, zu schwer lastet die Drangsal auf meiner Schulter; nimm weg von mir das schreckliche Joch; kürze ab mein Leid und trockne meine Tränen!«

Voll Liebe spricht Sein Mund: »Mein Sohn, nur Mut, verzage nicht! So schwer habe ich gelitten für euch Menschen, auch für dich, hab euch den Himmel aufgeschlossen. Und ich bleibe bei euch bis an das Ende.«

Ich antworte: »Hab tausend Dank für Deine allerbarmende Liebe, mein Erlöser! Ich will Dein Jünger sein und Dein Kreuz Dir nachtragen.

»So nimm Du meine Hände und führe mich bis an mein selig Ende und ewiglich! Ich kann allein nicht gehen, nicht einen Schritt; wo du wirst gehn und stehen, da nimm mich mit!«

Die schwersten Stunden, das sind die frühen Morgenstunden. Bei jedem Erwachen fällt die Furchtbarkeit meines Schicksals wie ein zermalmender Felsblock auf meine Seele. Todesbangen erfüllt mein Herz; wie oft noch wirst du dich hier hinlegen zur Ruhe? Wirst du den morgigen Tag erleben? Es ist mir zumute wie einem Ertrinkenden. Verzweifelt suche ich nach einem Halt. Ich klettere förmlich am Kreuz des Heilands empor, um Trost und Kraft zu erflehen. Ich beginne meine Morgenandacht und verharre solange darin, bis sich mein Herz wieder beruhigt hat.

Am 11. Juni 1942 wird mir mitgeteilt, daß mein Gnadengesuch verworfen wurde und daß die Vollstreckung des Urteils am 12. Juni stattfindet.

Herr, Dein Wille geschehe.

Abends wird mir noch eine große Freude zuteil: Der liebe Pfarrer Schmitter will die letzten Stunden meines Lebens mit mir gehen. Ich lege ihm meine letzten Wünsche und Grüße an die Heimat ans Herz und bespreche mit ihm den Verlauf der letzten Stunde.

Gott hat mir das große Glück einer gnadenvollen Todesstunde bereitet.

Es ist auffallend, mit welcher Glaubenszuversicht auch Männer und Frauen in den Tod gingen, die in Zusammenhang gebracht wurden mit den Vorgängen des 20. Juli 1944, dem Attentat auf Hitler, obwohl sie mit dem Bombenanschlag direkt nichts zu tun hatten. Schon eine unachtsame Äußerung bedeutete oft das Todesurteil.

MAX-ULRICH GRAF VON DRECHSEL[1]

Der am 3. Oktober 1911 in Schloss Karlstein/Oberpfalz geborene Max-Ulrich Graf von Drechsel wurde als Hauptmann am 4. September 1944 in Berlin-Plötzensee hingerichtet. Seine letzten Briefe bekunden den tiefen Glauben an den ewig gnädigen Schöpfer:

Berlin, den 3. September 1944

Liebe Eltern!

Heute kann ich Euch noch mal schreiben; am 16. 08. habe ich Euch schon von hier aus geschrieben; eine Antwort oder Besuch von Euch habe ich nicht erhalten, weiß aber, daß beides erfolgt wäre, wenn Ihr die Möglichkeit gehabt hättet.

Liebe Eltern, in Gedanken und im Gebet waren wir diese letzten drei Wochen unendlich oft vereinigt; denn so oft meine Gedanken zu Euch, den geliebten Geschwistern und dem guten Karlstein gingen, war ich mir bewußt, daß wir uns auf dieser geistigen Verbindungslinie begegnet sind.

Morgen findet meine Verhandlung statt; ich sehe dem Tod ruhig und gefaßt entgegen. Eine große Gnade war es für mich, diese lange Vorbereitungszeit von drei Wochen zu haben, während der ich im Gebet viel Trost, Stärkung und Erleuchtung erfahren habe. Der liebe Gott hat mir oft wunderbar geholfen. Ich bin Ihm viel näher gekommen, und Er hat mir namentlich die Gnade geschenkt, Ihn recht von Herzen lieben zu lernen.

4. September 1944

Liebe Eltern!

Das Urteil ist gesprochen, nur kurze Zeit trennt mich noch von der Vollstreckung. Seid nicht traurig, wenn Ihr an mich denkt, sondern fröhlich. Fröhlich sollt Ihr mit den Menschen und mit meinen Freunden über mich sprechen, dann werde auch ich gern, gern geistig bei Euch sein, der ich im Leben stets froh war. Ach, ich vergesse schon alles Irdische und sehe schon Gott vor mir, wie er liebreich die Arme ausbreitet, um mich aufzunehmen. Er hat mir die Gnade der vollkommenen Reue gegeben; voll Vertrauen zu Ihm, dem allgütigen Richter, trete ich nun den Weg an. Möge Er Euch allezeit beschirmen und Euch Euer wahrhaft christliches Leben, mit dem Ihr Euren Kindern das Wichtigste und Schönste fürs Leben als Vorbilder vorgelebt habt, auf Erden und im Himmel vergelten. Es sei Euch ein friedlicher Lebensabend beschieden, ein gutes Sterben und dann die ewige Glückseligkeit. Dort werden wir uns dann nach Gottes Willen wiedersehen. Nun betet noch für meine arme Seele, verzeiht mir den Kummer und die vielen Sorgen, die ich Euch bereitet habe.

Grüßt nochmals alle und grüßt die heiß geliebte Heimat! Seid innigst umarmt von Eurem dankbarsten Sohn Maxl.

JUSTUS DELBRÜCK[1]

Der am 25. November 1902 in Berlin-Charlottenburg geborene Regierungsrat a. D. Justus Delbrück, wurde am 3. August 1944 wegen Beteiligung an der Verschwörung des 20. Juli verhaftet.

Zwischen Leben und Sterben im Gefängnis Moabit schrieb er: »Wenn Gott will, kann er durch den Tod eines Menschen mehr sagen als durch sein Leben.«

Die ganze Familie stand in enger Verbindung zum preußisch-deutschen Kaiserreich. Mit dem ihm eigenen unabhängigen Sinn gestaltete Justus Delbrück sein Leben. Als er als 18-jähriger sein Abitur abgelegt hatte, fuhr er ins Ruhrgebiet, um bis zum Beginn des Studiums im Bergwerk zu arbeiten.

Er studierte in Heidelberg und Berlin Rechtswissenschaft und trat die Beamtenlaufbahn an. Als 1933 Hitler die Macht übernahm, war er Regierungsassessor am Landratsamt in Stade. Von dort kam er als Regierungsrat nach Lüneburg, gab jedoch 1936 den Staatsdienst wegen der politischen Entwicklung auf. Im Jahr 1940 wurde er zur Abwehr eingezogen und arbeitete dort eng mit Dohnanyi zusammen, im Stab von Admiral Canaris.

Er benutzte jede nur mögliche Gelegenheit in Berlin, den Kontakt mit den Freunden zu halten, denen er sich politisch und menschlich verbunden fühlte. Unter ihnen war Klaus Bonhoeffer, sein nächster Freund.

Nach der Aktion vom 20. Juli wurde Justus Delbrück Anfang August ins Gefängnis nach Moabit gebracht. Es gelang ihm jedoch, sein Verfahren hinauszuzögern. Nach acht Monaten der Ungewissheit und des Bedrohtseins wurde er, da er noch nicht verurteilt war, während der Eroberung Berlins durch die Sowjet-Armee entlassen.

Doch dann erfolgte nach zwei Wochen seine erneute Verhaftung, jetzt durch einen sowjetischen Offizier, – angeblich nur für drei Tage, um einige Angaben über die Widerstandsbewegung und die Gruppe um Canaris zu machen. Aber Justus Delbrück kehrte nicht zurück. Ende Oktober 1945 erlag er, nach dem Bericht eines Mitgefangenen, durch die Haft geschwächt, einer schweren Diphtherie, im Lager Jamlitz bei Lieberose in der Niederlausitz.

Seine Aufzeichnungen aus dem Berliner Gefängnis zeugen von der unerschütterlichen Kraft des Glaubens:

> In den Tiefen, die kein Trost erreicht,
> Laß doch Deine Treue mich erreichen,
> In den Nächten, wo der Glaube weicht,
> Laß nicht Deine Gnade von mir weichen,
> Auf dem Weg, den keiner mit mir geht,

Wenn zum Beten die Gedanken schwinden,
Wenn mich kalt die Finsternis umweht,
Wollest Du in meiner Not mich finden.
Wenn die Seele wie ein irres Licht
Flackert zwischen Werden und Vergehen,
Wollest Du an meiner Seite stehen.
Wenn ich Deine Hand nicht fassen kann,
Nimm die meine Du in Deine Hände,
Nimm Dich meiner Seele gnädig an,
Führe mich zu einem guten Ende.
Getrost, das Leben schreitet
Zum ewigen Leben hin,
Von innerer Glut geweitet
Verklärt sich unser Sinn.

Die Lieb ist frei gegeben
Und keine Trennung mehr.
Es wogt das volle Leben
Wie ein unendlich Meer —
Nur eine Nacht der Wonne,
Ein ewiges Gedicht —
Und unser aller Sonne
Ist Gottes Angesicht.

Ich sah Dich, Ellen, so allein — ich hörte Deine Klage über
die Heimat, die Gott Dir genommen, und die ich Dir nicht
habe geben können — ich hörte Dich weinen in der dunk-
len Nacht — ich hörte Dich rufen, Justus, warum hast Du
mich verlassen? Du weißt doch, ich kann nicht allein —
ach, und ich sah Deine bittere Verzweiflung und ich hörte

Dich unser Leben, unser Glück, unsere Liebe verwünschen.

Und mit Entsetzen sah ich meine Schuld — ich sah mich stumm, da ich hätte sprechen sollen, ich sah mich schlafen, da Du weintest, ach, und mein Herz war stumm, da ich hätte mit Dir beten sollen. Nun straft mich Gott und ich weine und Du hörst mich nicht. — Und ich bete:

Lieber Vater, wenn es Dein Wille ist, mich von ihr zu nehmen, so schicke ihr Menschen, die ihr helfen um Christi willen, daß sie Dein Licht schaue, — denn sieh, lieber Vater, ach, Du weißt es, sie sucht Dich, sie sucht Dich, sie kann Dich nicht finden in der Kälte und Dunkelheit der Welt, ach, und laß sie wissen, lieber Vater, daß auch unsere Liebe bei Dir aufgehoben ist, daß unsere Seelen vor Dir vereint sind, und daß keine Wonne auf Erden hier gleicht der Wonne, die unser bei Dir wartet.

Wenn es aber Dein Wille ist, lieber Vater, mich wieder zu ihr zurückzuführen, so laß meine Seele erschüttert sein, daß sie nicht vergesse, Dir zu danken für jeden Tag, den Du mir schenkst, laß die Anschauung des Todes wie einen Sturmwind das Feuer der Liebe anfachen, laß mich wissen, daß meine Liebe Deine Liebe ist.

Ellen, meine Ellen, weißt Du noch, wie Du einmal sagtest, Du wollest meine Liebe spüren wie einen glühenden Schmerz?

Ach, nun brenne ich — nun brenne unsere Liebe als eine ewige Flamme vor dem Angesicht Gottes.

Drei Pfarrer mit Jesus Christus im Paradies

Die letzten schriftlichen Bekenntnisse über ihren Glauben, ihre innere Verfassung angesichts des Todes zeigen uns, dass das Wort der Heiligen Schrift: »Siehe, ich sehe den Himmel offen!«, für den Titel dieses Buches nicht zu hoch gegriffen ist. Ihnen galt der Ausspruch:

> Leben wurde den Märtyrern ... dass sie nicht, das Leben liebend, das Leben verleugneten und, das Leben verleugnend, das Leben verlören. Und so geschah es, dass sie, die für das Leben die Wahrheit nicht verlassen wollten, durch ihr Sterben für die Wahrheit lebten.
>
> Wo seine Zeugen sterben, ist sein Reich.

Drei Geistliche aus Lübeck hatten den Mut, den schrecklichen Brand in der Stadt nach einem verheerenden Bombenangriff der Alliierten als ein Gericht Gottes von der Kanzel her zu bezeichnen.

Daraufhin wurden sie am 10. November 1943 verhaftet und später durch das Fallbeil hingerichtet. Es handelte sich um die katholischen Pfarrer Johannes Prassek (geboren 1911 in Hamburg), Pfarrer Hermann Lange (geboren in Leer/Ostfriesland), Eduard Müller (geboren 1911 in Neumünster) und um den lutherischen Pastor Karl Friedrich Stellbrink (geboren 1894 in Münster/Westfalen).

Pfarrer HERMANN LANGE[1]

Hermann Lange schrieb aus dem Hamburger Gefängnis am 11. Juli 1943: Ich persönlich bin ganz ruhig und sehe fest dem Kommenden entgegen. Wenn man wirklich die ganze Hingabe an den Willen Gottes vollzogen hat, dann gibt das eine wunderbare Ruhe und das Bewußtsein unbedingter Geborgenheit… Menschen sind doch nur Werkzeuge in Gottes Hand. Wenn Gott also meinen Tod will — es geschehe Sein Wille. Für mich ist dann eben das Leben in diesem Jammertal beendet und es nimmt dasjenige seinen Anfang, von dem der Apostel sagt: »Kein Auge hat es gesehen, kein Ohr hat es gehört, in keines Menschen Herz ist es gedrungen, was Gott denen bereitet hat, die Ihn lieben.« Der Tod bedeutet doch Heimkehr! Das, was uns dann geschenkt wird, ist so unvorstellbar groß, daß alle menschlichen Freuden dagegen verblassen, und das Bittere des Todes als solchem — was er auch für unsere menschliche Natur an Dunklem an sich hat — dadurch gänzlich überwunden wird …

Aus dem Abschiedsbrief an die Eltern am 10. November 1943:

Wenn Ihr diesen Brief in Händen habt, weile ich nicht mehr unter den Lebenden! Das, was nun seit vielen Monaten unsere Gedanken immer wieder beschäftigte und nicht mehr loslassen wollte, wird nun eintreffen. Wenn Ihr mich fragt, wie mir zumute ist, kann ich Euch nur antworten: Ich bin 1. froh bewegt, 2. voll großer Spannung! Zu 1. Für mich ist mit dem heutigen Tage alles Leid, aller Erdenjammer vorbei — und »Gott wird abwischen jede Träne von ihren Augen!« Welcher Trost, welch wunderbare Kraft geht doch aus vom Glauben an Christus, der uns im Tod vorangegangen ist. An Ihn habe ich geglaubt und gerade heute glaube ich fester an Ihn und ich werde nicht zuschanden werden. Wie schon so oft möchte ich Euch auch jetzt noch einmal hinweisen auf Paulus. Schlagt die folgenden Stellen einmal auf: 1. Korinther 15,43f.; 55! Römer 14,8.

Ach, schaut doch hin, wo immer Ihr wollt, überall begegnet uns der Jubel über die Gnade der Gotteskindschaft. Was kann einem Gotteskind schon geschehen? Wovor sollte ich mich denn wohl fürchten? Im Gegenteil: Freuet Euch, nochmals sage ich Euch, freuet Euch! Und 2. Heute kommt die größte Stunde meines Lebens! Alles, was ich bis jetzt getan, erstrebt und gewirkt habe, es war letztlich doch alles hingezogen auf dieses eine Ziel, dessen Band heute durchrissen wird. »Was kein Auge gesehen, was kein Ohr gehört hat und was in keines Menschen Herz gedrungen ist, hat Gott denen bereitet, die Ihn lieben« (1. Korinther 2,9). Jetzt wird für mich der Glaube übergehen in Schauen, die Hoffnung in Besitz und für immer werde ich Anteil haben an dem, der die Liebe ist! Da sollte ich nicht voller Spannung sein?

Wie mag alles sein? Das, worüber ich bisher predigen durfte, darf ich dann schauen! Da gibt es keine Geheimnisse und quälenden Rätsel mehr. Heute ist die große Heimkehr ins Vaterhaus, und da sollte ich nicht froh und voller Spannung sein? Und dann werde ich auch alle die wiedersehen, die mir hier auf Erden lieb waren und nahe standen!

Ich habe von Anfang an alles in Gottes Hand gelegt. Wenn Er nun dieses Ende von mir fordert — gut, es geschehe Sein Wille.

Mit welch einer himmlischen Ruhe sich der Geistliche auf den letzten Weg vorbereitete, bezeugt sich und erkennt man an der Tatsache, dass der Gottesmann die Muße und innere Sammlung besaß, folgendes Gedicht zu schreiben:

Ganz der Wille Gottes

Wenn der Tag sich neigt,
wenn des Lebens Sonne
nur noch mattes Glänzen zeigt,
wenn sie tiefer sinkend,
nah' dem Untergehn,
ganz der Wille Gottes
soll auch dann geschehen!

Ganz der Wille Gottes!
Ob nach kurzem Pfad,
ob nach langem Wandern
diese Stunde naht,
Freunde oder Feinde

mich dann sterben sehen,
ganz der Wille Gottes
soll auch da geschehen.

Auf Wiedersehen oben beim Vater des Lichtes!
Euer glücklicher Hermann

Pfarrer EDUARD MÜLLER[1]

Eduard Müller schrieb aus dem Hamburger Gefängnis im April 1942: ... Wir wollen besonders in dieser gnadenlosen Fastenzeit den Herrn bitten, Er möge doch uns die Gnade geben, daß wir wenigstens etwas verstehen von dem Geheimnis des Kreuzes, damit auch wir »uns rühmen im Kreuz unseres Herrn Jesus Christus« wie ein heiliger Paulus. Wenn es uns Menschen von heute zu schwer fällt, unser Leid zu tragen, unser Kreuz auf uns zu nehmen, das der Herr uns schickt, so liegt doch der Grund darin, daß uns der Sinn des Kreuzes und Leides verloren gegangen ist. Das alles ist für uns bloße Theorie geworden; in der Praxis machen wir nur zu schnell Einschränkungen. Denn sonst würden auch wir uns rühmen, für Christus zu leiden und bereitwilligst alles Widerwärtige auf uns zu nehmen. Ich habe früher immer wieder mich ergreifen lassen von den Helden unserer heiligen Kirche, von ihrer Opferbereitschaft und vollkommenen Hingabe an Christus. Heute beginne ich erst, ihre Größe zu ahnen und stehe voller Bewunderung vor ihrem Heroismus, der durch nichts übertroffen wird! Wie weit sind wir doch von einer solchen Haltung entfernt! Und nun nimmt uns unser Herr und Meister in Seine harte Schule; jetzt läßt Er uns ein klein wenig spüren, was es heißt: Christusnachfolge!

Herr,
Hier sind meine Hände,
Leg' darauf, was Du willst,
Führe mich, wohin Du willst,
In allem geschehe Dein Wille!

Pastor
KARL FRIEDRICH STELLBRINK[1]

Karl Friedrich Stellbrink schreibt aus dem Hamburger Gefängnis vor dem Urteilsspruch: Nicht grübeln! – glauben! Ich grüße Euch mit 2. Korinther 1, 3-12 und Markus. 5, 36: »Fürchte dich nicht, glaube nur!« Wem Zeit ist wie Ewigkeit und Ewigkeit wie Zeit, der ist befreit von allem Leid.

Nach der Verurteilung

O Ewigkeit, du schöne, mein Herz an dich gewöhne, mein Heim ist nicht in dieser Zeit. Wahrlich, keiner kann seine Lebensgrenze bestimmen. Gott aber sei Dank, daß unser Leben in Seiner Hand stehen darf: Er hat's gesagt und darauf wagt mein Herz es froh und unverzagt und läßt sich gar nicht grauen!

1. Korinther 15,19-20: »Hoffen wir allein in diesem Leben auf Christus, so sind wir die elendsten unter allen Menschen. Nun aber ist Christus auferstanden von den Toten und der Erstling geworden unter denen, die da schlafen.«
    Johannes 11,25.26: »Ich bin die Auferstehung und das Leben. Wer an mich glaubt, der wird leben, ob er gleich stürbe; und wer da lebet und glaubet an mich, der wird nimmermehr sterben.«

Etwas später schreibt der Pastor: »In Deiner Hand steht meine Zeit, laß Du mich nur Barmherzigkeit vor Deinem Thron finden.

Er hat noch niemals was übersehen in Seinem Regiment. Nein, was Er tut und läßt geschehen, das nimmt ein gutes End'. Wie schön muß es doch sein, wenn die Tore der Ewigkeit sich öffnen!«

Pfarrer LUDWIG STEIL [1]

Ludwig Steil wurde am 29. Oktober 1900 in der evangelischen Gemeinde Lüttringhausen bei Wanne-Eickel geboren. Er erlebte unter zehn Geschwistern eine glückliche Kindheit, studierte Theologie und wurde wie sein Vater Pfarrer. Während des Kirchenkampfes stand Ludwig Steil als reformierter Pfarrer einer unierten Gemeinde vor. Im westfälischen Raum wurde er Tausenden zum Segen, da er eine zentrale Gestalt der Bekennenden Kirche war.

Im Sommer 1944 verhaftet, kam er nach monatelangem Gefängnisaufenthalt in Dortmund und Herne im Dezember in das Konzentrationslager Dachau, wo er durch unsagbare Strapazen am 17. Januar 1945 an einer Lungenentzündung und Herzschwäche starb.

Schon als Zwanzigjähriger schrieb er: »Mein Leben steht unter der Freude. Unter der Freude, daß ich es so leben darf. Daß mir meine Zeit gegeben ist, damit ich sie gebrauche, und meine Kraft, damit ich sie recht anwende zu dem Studium der Menschen und der Dinge, das mich vorbereitet zu dem Amt, auf das ich mich schon so lange freue. Es ist der schönste Beruf, den ich mir denken kann. Vielleicht schenkt Gott es noch in besonderem Maße, daß ich einmal Sein Mitarbeiter sein darf. Und Mitarbeiter bin ich schon, wenn ich Sein Werkzeug bin. Und ich bitte täglich darum, daß ich ein Theologe werden darf, der nicht von Gott und über Gott redet und ›kraft seines Amtes als verordneter Diener der Kirche‹ handelt, sondern der aus dem Geist Gottes als Sein Rufer redet und aus der Kraft Seiner Stärke handelt.

Da gibt es dann nichts Großes und nichts Kleines. — Gott bewahre mich dauernd und gebe meinen Augen Sein Licht. Deswegen ist es so herrlich, daß für mich Beruf und Leben, Religion und Theologie eine Einheit bilden. Fehlte es mir an der Verbundenheit mit Gott, dann hätte ich nicht den Mut, mein Leben in Seinen Zeugendienst zu stellen. ›So Gott will.‹ —

Er will sicherlich, denn er freut sich über den, der zu Ihm seine Zuflucht nimmt. ›Die den Herrn lieb haben, müssen sein wie die Sonne, die aufgeht in ihrer Macht.‹ Ich habe Ihn lieb. Mein Leben ist nicht so wie die strahlende und Leben gebende Sonne. Aber es wird sicher so werden, denn dies Wort ist mir mehr eine Verheißung als eine Forderung. Weil ich für Gott da und ihm ein Diener sein möchte, darf ich mit Freuden studieren. —

Wunderbar, Gottes Licht erhellt die Augen für alles. Mit einem Mal sehen wir Seine Fußspuren bei uns, sehen, wie wir Grund übergenug haben zum Danken. Noch wunderbarer: Gott gibt uns die Kraft, in unserem Gebet das Fragen nach dem Warum zu lassen und alle Not in Seine Hand zu legen. Und dann hebt sich wohl aus all der Not eine heraus, die schaut mich an und fordert von mir, daß ich zugreife und helfe. Gott schickt einen Menschen zu mir, der etwas von mir will. Dann bekomme ich zu meiner Last, die so leicht ist, weil ich aufgegeben habe, sie selbst zu tragen, die Last eines anderen dazu. Die drückt, die muß ich tragen, es ist eine heilige Last. Und da merke ich, wie Gott mich noch ausrüsten muß, wenn ich einmal recht meinen Beruf ausfüllen soll. Da gibt's viele Lasten. Und je mehr es geben wird, um so mehr wird's mir ein Beweis sein, daß ich an meinen Platz von Gott gestellt bin.«

Seine leidenschaftliche Hingabe zum Dienst für das Reich Gottes leuchtet auch aus seinen späteren Briefen hervor:

»Meine Tränen vor Gott, vor den Menschen ein fröhliches Angesicht.«

»Darin ändert sich für den Christen nichts, daß es im Leben hinauf und hinab geht, sondern das ändert sich, daß es nicht mehr ›himmelhoch jauchzend‹ und ›zu Tode betrübt‹ geht, und daß wir durch die Gegenwart Christi gestärkt werden.«

»Unser Leben ist nur soviel wert, wie es Dank ist. Gott schickt das Seufzen, damit es Danken werde.«

»Viele Christen sind geimpft mit Christentum gegen Christus. Die äußeren Formen und Gebräuche verwenden sie als Schutz gegen Christi Forderungen.«

»Das Brot des Lebens wird genau so schimmlig wie anderes Brot, wenn wir es nicht gebrauchen.«

»Gottes Geschichte ist nie rückwärts gewandt. Die neue Herrlichkeit ist immer größer als die alte.«

»Wenn wir einmal leiden dürfen um Jesu willen, dann kommt es nicht darauf an, daß wir auf dem Leidenswege etwas Besonderes für Ihn tun. Er fragt nur danach, wie wir das Leiden tragen.«

Der junge Pfarrer geriet schon früh mit den dämonischen Praktiken des NS-Staates in Konflikt.

Öffentlich bekannte er, dass Hitler das deutsche Volk ins Verderben führen würde.

Bereits im Jahr 1938 war er schon in fünf Strafverfahren wegen Äußerungen gegen die antichristliche Diktatur verwickelt.

Vor vielen Gläubigen hielt er in Westfalen hunderte Vorträge und wurde auf Grund seiner klaren Glaubenshaltung am 11. September 1944 verhaftet und nach Dortmund ins Gefängnis gebracht.

An seine Frau schreibt er:

14. Oktober

Heute ist der 34. Tag nach meiner Verhaftung, und ich habe noch an jedem Tag Grund genug gehabt zum Danken für die Wege Gottes mit Seinen Kindern. Ich habe Stille genug. K. war da, und mich bewegte sein Bericht über den Holsterhauser Angriff, der am Donnerstag, als Du hier warst, so viel Unheil anrichtete. Ich will beten für alle Betroffenen. Wenn Du zu den Leuten gehst, wirst Du ja meinen Dienst tun. Gott gebe Dir, daß Du mit den Weinenden weinen, und doch als eine Getröstete auch trösten darfst.

Bei aller Not und der großen Zahl der Erschlagenen gilt da noch das Wort aus den Klageliedern: »Die Güte des Herrn ist's, daß wir nicht gar aus sind. Seine Barmherzigkeit hat noch kein Ende.« Bewahrung und Bewährung gehören zusammen. Beides kommt von Gott, wenn's auch so aussieht, als sei das zweite unsere Sache. Und wenn Dein und Brigittes Bild immer vor meinem inneren Auge steht, dann ist mir um Eure und meine Wege im Frieden Gottes nicht bange.

16. Oktober

Diese schwere Zeit, die uns gerade da Trennung brachte, wo eins das andere besonders nötig hatte, wird — das hoffe ich zu Gott — eine rechte Segenszeit zur Folge haben. Wir können dann umgekehrt sagen wie Hiob: »Haben wir Gutes empfangen von Gott und sollten das Böse nicht auch annehmen?« Es kommt alles von Ihm. Er hat mich noch nie so zur Anbetung und zum Lobpreis geführt wie seit dem 6. Oktober, wo handgreiflich das geschah, was Du in die Worte R. A. Schröders faßtest: »Unverletzlich, licht-verhüllt«.

Gerade so ist es gewesen, und das ist mir auch die Ver-heißung kommender Segnungen Gottes für Dich und mich. So groß für mich die Freude darüber war, daß Du Dein Verständnis meines Weges auf einem Rückweg von Herne mir gesagt hattest, ehe er begann (»Wenn sie Dich mal holen, wissen wir jedenfalls, daß die Kirche mehr durch ihr Schweigen gesündigt hat als durch ihr Reden«), so groß ist mir nun die Gewißheit, daß wir drei in Gottes Händen geborgen sind.

Sie können uns nichts von dem nehmen, was Gott uns gegeben hat, und das macht mich sehr still und froh. Es wäre ja unbeschreiblich schön, wenn wir an unserem Hochzeitstag wieder beieinander sein könnten, und wir dürfen auch kräftig darum bitten. Wenn es aber nicht sein soll, wollen wir auch darin Gottes Regiment anerkennen und weiter auf den Tag warten, an dem Er die Tür auftun wird. »Es wird nicht lang mehr währen, halt nur ein wenig aus!«

26. Oktober

Mir ging diese Nacht oft der Vers durch den Sinn: »Schien auch alles zu zerrinnen, ward doch Deiner Hilf' ich innen.« Was ist das überhaupt für ein herrliches Lied: »Womit soll ich Dich wohl loben!« In den Liedern leben wir mit denen, die schon vollendet sind, und loben mit den himmlischen Heerscharen. Aber der Lobgesang derer, die aus Not und Elend kommen, ist gewiß schöner als der der Engel, die nie anders als mit einem Gottesauftrag »im finsteren Tal« gewandert sind. — Du kannst Dir gar nicht denken, wie bevorzugt wir Christen im Gefängnis vor denen sind, die keine Hoffnung haben. Sie sind zum Teil tapfer, aber irgendwie doch todtraurig.

31. Oktober

Ich habe bisher Gott für jeden der fünfzig Tage Haft danken dürfen. Heute ist Reformationsfest, und wenn ich daran denke, daß Gott mir vielleicht in acht Tagen am Dienstag die Tür auftun wird, dann klopft mein Herz vor Sehnsucht nach Dir, nach der Gemeinde, nach der Freiheit. Und dann fange ich schon an, wieder um das Ja und die Stille zu bitten für den Fall, daß Gott noch ein Nein sagt und den Dienst im Kerker vielleicht in der härteren Form Dachaus noch weiter von mir und von Dir fordert. Aber das tut der Bitte um die offene Tür keinen Abbruch, sogar nicht der großen Vorfreude.

11. November

Heute Nacht lag ich eine Stunde wach und hatte viele Fragen an Gott zu stellen. Die waren nicht aus Anfechtung gestellt, nur in der Sehnsucht nach Antwort. Und auf einmal klangen die Zeilen aus einem lang vergessenen Lied des Berliner Ostens in mir auf, so daß sie mich stillten: »O, daß du könntest glauben, du würdest Wunder sehn! Es würde dir dein Jesus allzeit zur Seite stehn.«

Abschiedsbrief an die westfälischen Pfarrer:

Herne, Mitte November 1944

Lieber Freund! Da es in diesen Tagen deutlich geworden ist, daß mein Weg zu den Brüdern nach Dachau führen wird, will ich mir die Zeit nehmen, Ihnen ein Zeichen meines Gedenkens zu meiner Fürbitte zu senden.

Als ich vor zehn Wochen in Haft genommen wurde, habe ich Gott dafür danken dürfen, daß Anlaß und Ursache meine Verkündigung war, nämlich Vortragsreihen für Angefochtene, die ich vorher in Herne und Wanne gehalten hatte. Da konnte ich mit Freudigkeit zu jedem beanstandeten Satz stehen, mit einem guten Gewissen vor Gott und Menschen. Die erste Not war diese, daß die Arbeit in Gemeinde und Gesamtkirche im Stich gelassen werden mußte. Aber Gott gab mir die Kraft, das alles unter dem Kreuz niederzulegen und ein volles Ja zu sagen zu dem Weg, den Er mich in der Nachfolge Jesu gehen hieß.

FRIEDRICH-JUSTUS PERELS[1]

Friedrich-Justus Perels wurde am 13. November 1910 in Berlin geboren. Er war Justitiar des Bruderrates der altpreußischen Union. In seiner Heimatstadt wurde er am 23. April 1945 ermordet, also zu einem Zeitpunkt, als schon die Truppen der Sowjetunion in den Straßen der Reichshauptstadt kämpften.

Aus letzten Briefen an seine Frau:

Man muß so glauben wie Abraham, Moses und Jakob und wie diejenigen im Evangelium, an denen der Herr Wunder tut. Man darf mit Gott rechten, immer wieder zu Ihm kommen, gerade dann, wenn wir fühlen, daß die Kräfte nachlassen. Das Schlimmste ist Gleichgültigkeit.

Ich bin ganz getrost, wie alles auch werden mag. In dieser Zeit habe ich viel innere Hilfe erfahren. Das Entscheidende für uns alle ist: Christi Blut und Gerechtigkeit, das ist mein Schmuck und Ehrenkleid. Ich muß erst ganz kaputtgehen und zuschanden werden, um das zu verstehen. Darum sei ganz getrost. Er hilft Dir und Euch allen wunderbar.

Jetzt gehen die Tage wieder so dahin und für jeden Tag erbitte ich mir Hilfe und Trost und umgebe Euch mit meinen Gedanken und Bitten im Gebet.

Die Stunden gehen hier so hin. Nicht immer ist es leicht, aber bis hierher hat der gnädige Gott mir noch immer geholfen, und ich vertraue darauf, daß er Dich und mich nicht verlassen wird.

Eine Woche ist nun wieder verstrichen, und die innere Spannung, die in den ersten Tagen nach dem Termin angehalten hatte, läßt wieder nach. Ich bin sehr dankbar, daß ich mich auf das zeitliche Ende in der Stille hier vorbereiten darf. Da sehe ich von Tag zu Tag unerkannte Schwäche und Sünde. Und ich versuche, die einfach Gott zu übergeben.

Wie alles auch kommen mag, wir wissen es nicht. Gott allein weiß es. Er hat mich hier nicht verlassen, sondern oft wunderbar errettet und gestärkt. Er wird Dich auch ganz gewiß nicht verlassen. Halte Dich ganz fest an Ihn. Er ist auferstanden und lebt. Aber in all unserer Not, Anfechtung und Sünde dürfen wir uns in dem Tod und der Auferstehung des Herrn trösten. Das höre ich immer wieder, und das gilt auch für Euch.

Heute am Karfreitag steht der ganz große Trost des Kreuzes Jesu Christi unmittelbar vor unseren Augen. Das ist eine starke und ewige Gewißheit, daß Er für unsere Sünden dahingegeben ist, und daß wir durch Seine Wunden geheilt sind. Diese Gewißheit gibt Er uns und macht uns damit in der größten Trübsal fröhlich und reißt uns aus Angst und Qual. Das erfahre ich hier in ganz reichem Maße. Und daran und an nichts anderes dürft und sollt Ihr Euch auch halten.

Pfarrer
DIETRICH BONHOEFFER[1]

Dietrich Bonhoeffer wurde am 4. Februar 1906 in Breslau geboren. Als Dozent an der Universität in Berlin nannte man ihn den Denker unter den Pfarrern der evangelischen Bekenntnisbewegung.

Der gläubige Theologe stellte sich an die Frontlinie, als er Kirche und Vaterland zugleich in tödlicher Gefahr sah.

»Wenn ein Wahnsinniger mit dem Auto durch die Straßen rast, kann ich als Pastor, der dabei ist, nicht nur die Überfahrenen trösten oder beerdigen, sondern ich muß dazwischenspringen und ihn stoppen.«

Dietrich Bonhoeffers Tätigkeit im Kampf gegen den Nationalsozialismus, vor allem sein Versuch, durch den Bischof von Chichester in der westlichen Welt Fürsprecher für Deutschland und Hilfe für den deutschen Widerstand zu gewinnen, gehören der Geschichte an.

Am 5. April 1943 wurde Bonhoeffer verhaftet. Nach Verschleppung aus dem Gefängnis in der Prinz-Albrecht-Straße in Berlin fand er am 9. April 1945 den Tod im KZ Flossenbürg. Seine geistlichen Schriften, die er zum größten Teil im Gefängnis geschrieben hat, gehören zu den tiefgründigsten Zeugnissen eines

Märtyrers in der Zeit der Unterdrückung durch das antichristliche und verbrecherische System der Nationalsozialisten. Bis zum letzten Atemzug blieb er seinem Herrn und Heiland in Wort und Tat treu, wie man es besonders seinen Schriften entnehmen kann.

Vom Leiden

Es ist unendlich viel leichter, im Gehorsam gegen einen menschlichen Befehl zu leiden, als in der Freiheit eigenster verantwortlicher Tat. Es ist unendlich viel leichter, in Gemeinschaft zu leiden als in der Einsamkeit. Es ist unendlich viel leichter, öffentlich und unter Ehren zu leiden als abseits und in Schanden. Es ist unendlich viel leichter, durch den Einsatz des leiblichen Lebens zu leiden als durch den Geist. Christus litt in Freiheit, in Einsamkeit, abseits und in Schanden, an Leib und Geist und seither viele Christen mit ihm.

Gefährdung und Tod

Der Gedanke an den Tod ist uns in den letzten Jahren vertrauter geworden. Wir können den Tod nicht mehr so hassen, wir haben in seinen Zügen etwas von Güte entdeckt und sind fast ausgesöhnt mit ihm. Im Grunde empfinden wir wohl, dass wir ihm schon gehören und dass jeder neue Tag ein Wunder ist. Es wäre wohl nicht richtig zu sagen, dass wir gern sterben — obwohl keinem jene Müdigkeit unbekannt ist, die man doch unter keinen Umständen aufkommen lassen darf — dazu sind wir schon zu neugierig oder etwas ernsthafter gesagt: wir möchten gern noch etwas vom Sinn unseres zerfahrenen Lebens zu sehen bekommen.

Wir heroisieren den Tod auch nicht, dazu ist uns das Leben zu groß und teuer. Erst recht weigern wir uns, den Sinn des Lebens in der Gefahr zu sehen, dafür sind wir nicht verzweifelt genug und wissen wir zuviel von den Gütern des Lebens, dafür kennen wir auch die Angst um das Leben zu gut und all die anderen zerstörenden Wirkungen einer dauernden Gefährdung des Lebens. Noch lieben wir das Leben, aber ich glaube, der Tod kann uns nicht mehr sehr überraschen. Unseren Wunsch, er möchte uns nicht zufällig, jäh, abseits vom Wesentlichen, sondern in der Fülle des Lebens und in der Ganzheit des Einsatzes treffen, wagen wir uns seit den Erfahrungen des Krieges kaum mehr einzugestehen. Nicht die äußeren Umstände, sondern wir selbst werden es sein, die unseren Tod zu dem machen, was er sein kann, zum Tod in freiwilliger Einwilligung.

Wie einfach lassen sich Lob- und Dankgebete in der uns geschenkten Freiheit sprechen, wie leicht gehen uns Glaubensgebete über die Lippen, wenn wir aus dem materiellen Wohlstand heraus lichte Momente vor Gott bekommen.

Fällt aber über uns die Einsamkeit der Gefangenschaft, die Bewegungsunfähigkeit hinter Kerkermauern gerade unter der Rechtlosigkeit eines verbrecherischen Unrechtsstaates, dann werden Lob- und Dankgebete um ein Vielfaches wahrhaftiger und fruchtbarer.

Gebete für Mitgefangene. Weihnachten 1943

Morgengebet

Gott, zu Dir rufe ich in der Frühe des Tages:
Hilf mir beten
und meine Gedanken sammeln zu Dir;
ich kann es nicht allein.
In mir ist es finster,
aber bei Dir ist das Licht.
Ich bin einsam, aber Du verlässt mich nicht.
Ich bin kleinmütig, aber bei Dir ist Hilfe,
ich bin unruhig, aber bei Dir ist der Friede;
in mir ist Bitterkeit, aber bei Dir ist die Geduld;
ich verstehe Deine Wege nicht,
aber Du weißt den Weg für mich.
Vater im Himmel,
Lob und Dank
sei Dir für die Ruhe der Nacht,
Lob und Dank sei Dir für den neuen Tag.
Lob und Dank sei Dir für alle Deine Güte
und Treue in meinem vergangenen Leben.
Du hast mir viel Gutes erwiesen,
lass mich nun auch das Schwere
aus Deiner Hand hinnehmen.
Du wirst mir nicht mehr auflegen,
als ich tragen kann.
Du lässt Deinen Kindern alle Dinge zum Besten
dienen.

Herr Jesus Christus,
Du warst arm
und elend und gefangen und verlassen wie ich.
Du kennst alle Not der Menschen,
Du bleibst bei mir;
wenn kein Mensch mir beisteht,
Du vergisst mich nicht und suchst mich,
Du willst, dass ich Dich erkenne und mich zu Dir
kehre.
Herr, ich höre Deinen Ruf und folge, hilf mir!

Heiliger Geist,
gib mir den Glauben, der mich vor Verzweiflung,
Süchten und Laster rettet,
gib mir die Liebe zu Gott und den Menschen, die
allen Hass und Bitterkeit vertilgt,
gib mir die Hoffnung, die mich befreit von Furcht
und Verzagtheit.

Heiliger, barmherziger Gott,
mein Schöpfer und mein Heiland,
mein Richter und mein Erretter,
Du kennst mich und all mein Tun.

Du hasst und strafst das Böse in dieser und jener
Welt ohne Ansehen der Person,
Du vergibst Sünden dem, der Dich aufrichtig
darum bittet,
Du liebst das Gute und lohnst es auf dieser Erde
mit einem getrosten Gewissen

und in der künftigen Welt mit der Krone der Gerechtigkeit.

Vor Dir denke ich an all die Meinen,
an die Mitgefangenen und alle, die in diesem
Hause ihren schweren Dienst tun.
Herr, erbarme Dich!
Schenke mir die Freiheit wieder und lass mich
derzeit so leben,
wie ich es vor Dir und den Menschen verantworten kann.
Herr, was dieser Tag auch bringt, — Dein Name sei
gelobt! Amen.

Wenn uns düstere Gedanken über unsere Vergessenheit überwältigen wollen, wird das befreiende Danken zur kostbaren Perle göttlichen Glaubens.

Abendgebet

Herr, mein Gott, ich danke Dir, dass Du diesen
Tag zu Ende gebracht hast;
ich danke Dir, dass du Leib und Seele zur Ruhe
kommen lässt.
Deine Hand war über mir und hat mich behütet
und bewahrt.
Vergib allen Kleinglauben und alles Unrecht dieses
Tages
und hilf, dass ich allen vergebe, die mir Unrecht
getan haben.

Lass mich in Frieden unter Deinem Schutz schlafen
und bewahre mich vor den Anfechtungen der Finsternis.

Ich befehle Dir die Meinen, ich befehle Dir dieses Haus,
ich befehle Dir meinen Leib und meine Seele.
Gott, Dein heiliger Name sei gelobt. Amen.

Wie verwirrend uns unsere Gedankenwelt und die unausgesprochenen Selbstgespräche im Glaubenskampf anfechten können, erleben wir bei den tagebuchähnlichen Gedichten des jungen Theologen und Streiters Jesu Christi Dietrich Bonhoeffers:

Gebet in besonderer Not

Herr Gott,
Großes Elend ist über mich gekommen.
Meine Sorgen wollen mich erdrücken.
Ich weiß nicht ein noch aus.
Gott, sei gnädig und hilf.
Gib Kraft zu tragen, was Du schickst.
Lass die Furcht nicht über mich herrschen,
sorge Du väterlich für die Meinen,
für Frau und Kinder.

Barmherziger Gott, vergib mir alles,
was ich an Dir und den Menschen gesündigt habe.

Ich traue Deiner Gnade und gebe mein Leben
ganz in Deine Hand.
Mach Du mit mir, wie es Dir gefällt und wie es
gut für mich ist.
Ob ich lebe oder sterbe, ich bin bei Dir und Du
bist bei mir, mein Gott.
Herr, ich warte auf Dein Heil und auf Dein Reich.
Amen.

Leiden

Wunderbare Verwandlung. Die starken, tätigen Hände
sind dir gebunden. Ohnmächtig, einsam siehst du das Ende
deiner Taten. Doch atmest du auf und legst das Rechte still
und getrost in stärkere Hand und gibst dich zufrieden. Nur
einen Augenblick berührtest du selig die Freiheit, dann
übergabst du sie Gott, damit er sie herrlich vollende.

Zu welch einer himmlischen Weihe ein schon des Todes
gewisser Märtyrer gelangen kann, zeigen uns die letzten Zeilen Dietrich Bonhoeffers, unseres Mitbruders in
Christus:

Tod

Komm nun, höchstes Fest auf dem Wege zur ewigen Freiheit! Tod, leg nieder beschwerliche Ketten und Mauern
unseres vergänglichen Leibes und unserer verblendeten
Seele, dass wir endlich erblicken, was hier uns zu sehen
missgönnt ist. Freiheit, dich suchten wir lange in Zucht und
in Tat und in Leiden. Sterbend erkennen wir nun im Angesicht Gottes dich selbst.

HELMUTH JAMES GRAF VON MOLTKE[1]

Helmuth James Graf von Moltke wurde am 11. März 1907 in Kreisau, Schlesien geboren. Er war der älteste Sohn vom Großneffen eines Feldmarschalls und einer südafrikanischen Mutter. Er wurde Jurist und widmete sich außerdem der Bewirtschaftung seines Gutes Kreisau. Wie kein anderer vertrat er gegenüber den nationalsozialistischen Despoten das »andere Deutschland«.

Zu dem »Kreisauer Kreis«, der sich um ihn sammelte, gehörten viele der hervorragendsten Vertreter des Widerstands aus allen Lagern. Als Christ wie auch als Staatsmann missbilligte Moltke das Attentat. Er wollte das Wiedererstehen Deutschlands nach der von ihm als unabwendbar vorausgesehenen Katastrophe vorbereiten. Im Januar 1945 verurteilte ihn der Volksgerichtshof zum Tode, und am 23. Januar wurde das Urteil in Plötzensee vollstreckt.

Bischof Lilje, der mit Moltke im Gefängnis zusammentraf, berichtet: »Ohne die leiseste Selbsttäuschung über sein wahrscheinliches Ende lebte er in einer heiteren Klarheit der Seele, das leuchtende Beispiel einer ungebeugten Haltung aus Glauben.«

Aus dem Abschiedsbrief an die Söhne:

Ich habe mein ganzes Leben lang, schon in der Schule, gegen einen Geist der Enge und der Gewalt, der Überheblichkeit, der Intoleranz und des Absoluten, erbarmungslos Konsequenten angekämpft, der in dem Deutschen steckt und der seinen Ausdruck in dem nationalsozialistischen Staat gefunden hat. Ich habe mich auch dafür eingesetzt, daß dieser Geist mit seinen schlimmen Folgeerscheinungen wie Nationalismus im Exzeß, Rassenverfolgung, Glaubenslosigkeit, Materialismus überwunden werde.

Aus letzten Briefen an seine Frau:

Tegel, den 10. Januar 1945

Mein liebes Herz, zunächst muß ich sagen, daß ganz offenbar die letzten 24 Stunden eines Lebens gar nicht anders sind als irgendwelche anderen. Ich hatte mir immer eingebildet, man fühle das nur als Schreck, daß man sich sagt: nun geht die Sonne das letzte Mal für Dich unter, nun geht die Uhr nur noch zweimal bis zwölf, nun gehst Du das letzte Mal zu Bett. Von all dem ist keine Rede. Ob ich wohl ein wenig überkandidelt bin? Denn ich kann nicht leugnen, daß ich mich in geradezu gehobener Stimmung befinde. Ich bitte nur den Herrn im Himmel, daß Er mich darin erhalten möge, denn für das Fleisch ist es sicher leichter, so zu sterben.

Wie gnädig ist der Herr mit mir gewesen! Selbst auf die Gefahr hin, daß das hysterisch klingt: ich bin so voll Dank, eigentlich ist für nichts anderes Platz.

Er hat mich die zwei Tage so fest und klar geführt: der ganze Saal hätte brüllen können wie der Herr Freisler, und sämtliche Wände hätten wackeln können, und es hätte mir gar nichts gemacht; es war wahrlich so, wie es in Jesaja 43,2 heißt: Denn so du durch Wasser gehst, will ich bei dir sein, daß dich die Ströme nicht sollen ersäufen; und so du ins Feuer gehst, sollst du nicht brennen, und die Flamme soll dich nicht versengen. — Nämlich Deine Seele.

Mir war, als ich zum Schlußwort aufgerufen wurde, so zumute, daß ich beinahe gesagt hätte: Ich habe nur eines zu meiner Verteidigung anzuführen: »Nehmen sie den Leib, Gut, Ehr, Kind und Weib, laß fahren dahin, sie haben's kein Gewinn, das Reich muß uns doch bleiben.«

Aber das hätte doch die anderen nur belastet; so sagte ich nur: Ich habe nicht die Absicht, etwas zu sagen, Herr Präsident.

Es ist nun noch ein schweres Stück Weges vor mir, und ich kann nur bitten, daß der Herr mir weiter so gnädig ist, wie er war. Für heute Abend hatte Eugen uns aufgeschrieben Lukas 5,1-11. Er hatte es anders gemeint; aber es bleibt wahr, daß dies für mich ein Tag eines großen Fischzuges war, und daß ich heute abend mit Recht sagen kann: »Herr, gehe von mir hinaus. Ich bin ein sündiger Mensch.« Und was haben wir, meine Liebe, gestern Schönes gelesen: »Wir haben aber solchen Schatz in irdenen Gefäßen, auf daß die überschwengliche Kraft sei Gottes und nicht von uns. Wir haben allenthalben Trübsal, aber wir ängstigen uns nicht. Uns ist bange, aber wir verzagen nicht. Wir leiden Verfolgung, aber wir werden nicht verlassen. Wir werden unterdrückt, aber wir kommen nicht um. Und tragen allezeit das Sterben des Herrn Jesu an unserem Leibe, auf daß auch das Leben des Herrn Jesu an unserem Leibe offenbar werde.«

Dank, mein Herz, vor allem dem Herrn, Dank mein Herz, Dir für Deine Fürbitte, Dank allen anderen, die für uns und für mich gebetet haben.

Dein Mann, Dein schwacher, feiger, »komplizierter«, sehr durchschnittlicher Mann, der hat das erleben dürfen. Wenn ich jetzt gerettet werden würde — was ja bei Gott nicht wahrscheinlicher oder unwahrscheinlicher ist als vor einer Woche, so muß ich sagen, daß ich erst einmal mich wieder zurechtfinden müßte, so ungeheuer war die Demonstration von Gottes Gegenwart und Allmacht. Er vermag sie eben auch zu demonstrieren, und zwar ganz unmißverständlich zu demonstrieren, wenn er genau das tut, was einem nicht paßt. Alles andere ist Quatsch.

Darum kann ich nur eins sagen, mein liebes Herz: möge Gott Dir so gnädig sein wie mir, dann macht selbst der tote Ehemann gar nichts. Seine Allmacht vermag er eben auch zu demonstrieren, wenn Du Eierkuchen für die Söhnchen machst oder Puschti beseitigst, obwohl es das hoffentlich nicht mehr gibt. Ich sollte wohl von Dir Abschied nehmen — ich vermag's nicht; ich sollte wohl Deinen Alltag bedauern und betrauern — ich vermag's nicht. Ich sollte wohl der Lasten gedenken, die jetzt auf Dich fallen — ich vermag's nicht. Ich kann Dir nur eines sagen: wenn Du das Gefühl absoluter Geborgenheit erhältst, wenn der Herr es

Dir schenkt, was Du ohne diese Zeit und ihren Abschluß nicht hättest, so hinterlasse ich Dir einen nicht konfiszierbaren Schatz, demgegenüber selbst mein Leben nicht wiegt. Diese Römer, diese armseligen Kreaturen von Schulze und Freisler und wie das Pack alles heißen mag: nicht einmal begreifen würden sie, wie wenig sie nehmen können!

Ich schreibe morgen weiter, aber da man nie weiß, was geschieht, will ich in dem Brief jedenfalls jedes Thema berührt haben. Ich weiß natürlich nicht, ob ich nun morgen hingerichtet werde. Es mag sein, daß ich noch vernommen, verprügelt oder aufgespeichert werde. Kratze bitte an den Türen; denn vielleicht hält sie das doch von zu argen Prügeln ab. Wenn ich auch nach der heutigen Erfahrung weiß, daß Gott auch diese Prügel zu nichts machen kann, selbst wenn ich keinen heilen Knochen am Leibe behalte, ehe ich gehenkt werde, wenn ich also im Augenblick keine Angst davor habe, so möchte ich das lieber vermeiden. So, gute Nacht, sei getrost und unverzagt.

11. Januar 1945

Meine Liebe, ich habe nur Lust, mich ein wenig mit Dir zu unterhalten. Zu sagen habe ich eigentlich nichts. Die materiellen Konsequenzen haben wir eingehend erörtert. Du wirst Dich da schon irgendwie durchwinden, und setzt sich ein anderer nach Kreisau, so wirst Du das auch meistern. Laß Dich nur von nichts anfechten. Das lohnt sich wahrhaftig nicht. Ich bin unbedingt dafür, daß Ihr sorgt, daß die

Russen meinen Tod erfahren. Vielleicht ermöglicht Dir das in Kreisau zu bleiben. Das Rumziehen in dem Rest-Deutschland ist auf alle Fälle gräßlich. Bleibt das Dritte Reich über Erwarten doch, was ich mir in meinen kühnsten Phantasien nicht vorstellen kann, so mußt Du sehen, wie Du die Söhnchen dem Gift entziehst. Ich habe natürlich nichts dagegen, wenn Du dann auch Deutschland verläßt. Tu, was Du für richtig hältst und meine nicht, Du seiest so oder so durch irgendeinen Wunsch von mir gebunden. Ich habe Dir immer wieder gesagt: die tote Hand kann nicht regieren …

Ich denke mit ungetrübter Freude an Dich und die Söhnchen, an Kreisau und all die Menschen da; der Abschied fällt mir im Augenblick gar nicht schwer. Vielleicht kommt das noch. Aber im Augenblick ist es mir keine Mühe. Mir ist ganz und gar nicht nach Abschied zumute. Woher das kommt, weiß ich nicht. Aber es ist nicht ein Anflug von dem, was mich nach Deinem ersten Besuch im Oktober, nein, November war es wohl, so stark überfiel. Jetzt sagt mein Inneres: a) Gott kann mich heute genauso dahin zurückführen wie gestern, und b) und wenn er mich zu sich ruft, so nehme ich es mit. Ich habe gar nicht das Gefühl, was mich manchmal überkam: ach, nur noch einmal möchte ich das alles sehen. Dabei fühle ich mich gar nicht »jenseitig«. Du siehst ja, daß ich mich lieb mit Dir unterhalte, statt mich dem lieben Gott zuzuwenden. In einem Lied — 208,4 — heißt es: »Denn der ist zum Sterben fertig, der sich lebend zu Dir hält.« Genau so fühle ich mich. Ich muß, da ich heute lebe, mich eben lebend zu ihm halten;

mehr will er gar nicht. Ist das pharisäisch? Ich weiß es nicht. Ich glaube aber zu wissen, daß ich nun in seiner Gnade und Vergebung lebe und nichts von mir habe oder von mir vermag.

Ich schwätze, mein Herz, wie es mir in den Sinn kommt; darum kommt jetzt etwas ganz anderes. Das Dramatische an der Verhandlung war letzten Endes folgendes: in der Verhandlung erwiesen sich alle konkreten Vorwürfe als unhaltbar, und sie wurden auch fallen gelassen. Nichts davon blieb. Sondern das, wovor das Dritte Reich solche Angst hat, daß es fünf, nachher werden es sieben Leute werden, zu Tode bringen muß, ist letzten Endes nur folgendes: ein Privatmann, nämlich Dein Mann, von dem feststeht, daß er mit zwei Geistlichen beider Konfessionen, mit einem Jesuitenprovinzial und mit einigen Bischöfen, ohne die Absicht, irgend etwas Konkretes zu tun, und das ist festgestellt, Dinge besprochen hat, »die zur ausschließlichen Zuständigkeit des Führers gehören«. Besprochen war: nicht etwa Organisationsfragen, nicht etwa Reichsaufbau — das alles ist im Laufe der Verhandlung weggefallen, und Schulze hat es in seinem Plädoyer auch ausdrücklich gesagt (»unterscheidet sich völlig von allen sonstigen Fällen, da in der Erörterung von keiner Gewalt und keiner Organisation die Rede war«), sondern besprochen wurden Fragen der praktisch-ethischen Forderungen des Christentums. Nichts weiter; dafür allein werden wir verurteilt.

Freisler sagte zu mir in einer seiner Tiraden: »Nur in einem sind das Christentum und wir gleich: wir fordern den ganzen Menschen!« Ich weiß nicht, ob die Umsitzenden das alles mitbekommen haben, denn es war eine Art Dialog — ein geistiger zwischen F. und mir, denn Worte konnte ich nicht viele machen —, bei dem wir uns durch und durch erkannten. Von der ganzen Bande hat nur Freisler mich erkannt, weswegen er mich umbringen muß. Da war nichts von »komplizierter Mensch« oder »komplizierte Gedanken« oder »Ideologie«, sondern: »Das Feigenblatt ist ab.« Aber nur für Herrn Freisler. Wir haben sozusagen im luftleeren Raum miteinander gesprochen. Er hat bei mir keinen einzigen Witz auf meine Kosten gemacht, wie noch bei Delp und bei Eugen. Nein, hier war es blutiger Ernst: »Von wem nehmen Sie Ihre Befehle? Vom Jenseits oder von Adolf Hitler!« »Wem gilt Ihre Treue und Ihr Glaube?« Alles rhetorische Fragen natürlich — …

Mein Herz, eben kommt Dein sehr lieber Brief. Der erste Brief, mein Herz, in dem Du meine Stimmung und meine Lage nicht begriffen hast. Nein, ich beschäftige mich gar nicht mit dem lieben Gott oder meinem Tod. Er hat die unaussprechliche Gnade, zu mir zu kommen und sich mit mir zu beschäftigen. Ist das hoffärtig? Vielleicht. Aber er wird mir noch so vieles vergeben heute Abend, daß ich ihn schließlich um diese letzte Hoffart auch noch um Vergebung bitten darf. Aber ich hoffe ja, daß es nicht hoffärtig ist, denn ich rühme ja nicht das irdene Gefäß, nein, ich rühme den köstlichen Schatz, der sich dieses irdenen Gefäßes, dieser ganz unwürdigen Behausung bedient hat. Nein, mein Herz, ich lese genau die Stellen der Bibel, die ich heute auch gelesen hätte, wenn keine Verhandlung gewesen wäre, nämlich Josua 19-21, Hiob 10-12, Hesekiel 34-36, Markus 13-15 und unseren zweiten Korintherbrief zu Ende, außerdem die kleinen Stellen, die ich auf den Zettel für Dich geschrieben habe. Bisher habe ich nur den Josua und unsere Korintherbriefstellen gelesen, die mit dem schönen, so vertrauten, von Kind auf gehörten Satz schließt. »Die Gnade unseres Herrn Jesu Christi und die Liebe Gottes und die Gemeinschaft des Heiligen Geistes sei mit Euch allen. Amen.«

Ich habe das Gefühl, mein Herz, als wäre ich autorisiert, Dir und den Söhnchen das mit absoluter Autorität zu sagen. Darf ich da nicht den 118. Psalm, der heute Morgen dran war, mit vollem Recht lesen? Eugen hat ihn sich zwar für eine andere Lage gedacht, aber er ist viel wahrer geworden, als wir es je für möglich hielten.

Mein Herz, darum bekommst Du auch Deinen Brief trotz Deiner Bitte zurück. Ich trage Dich mit hinüber und brauche dafür kein Zeichen, kein Symbol, nichts. Es ist nicht einmal so, daß mir verheißen wäre, ich würde Dich nicht verlieren; nein, es ist viel mehr: ich weiß es.

... Der entscheidende Satz jener Verhandlung war: »Herr Graf, eines haben das Christentum und wir Nationalsozialisten gemeinsam, und nur dies eine: wir verlangen den ganzen Menschen.« Ob er sich klar war, was er damit gesagt hat? Denk mal, wie wunderbar Gott dies sein unwürdiges Gefäß bereitet hat: in dem Augenblick, in dem die Gefahr bestand, daß ich in aktive Putschvorbereitung hineingezogen wurde — Stauffenberg kam am Abend des 19. zu Peter —, wurde ich rausgenommen, damit ich frei von jedem Zusammenhang mit der Gewaltanwendung bin und bleibe. —

Und nun, mein Herz, komme ich zu Dir. Ich habe Dich nirgends aufgezählt, weil Du, mein Herz, an einer ganz anderen Stelle stehst als alle die anderen. Du bist nämlich nicht ein Mittel Gottes, um mich zu dem zu machen, der ich bin, Du bist vielmehr ich selbst. Du bist mein 13. Kapitel des ersten Korintherbriefes. Ohne dieses Kapitel ist kein Mensch ein Mensch. Ohne Dich hätte ich mir Liebe schenken lassen, ich habe sie z. B. von Mami angenommen, dankbar, glücklich, dankbar wie man ist für die Sonne, die einen wärmt.

Aber ohne Dich, mein Herz, hätte ich »der Liebe nicht«. Ich sage gar nicht, daß ich Dich liebe; das ist gar nicht richtig. Du bist vielmehr jener Teil von mir, der mir allein eben fehlen würde. Es ist gut, daß mir das fehlt; denn hätte ich das, so wie Du es hast, diese größte aller Gaben, so hätte ich dem Leiden, das ich ja sehen mußte, nicht so zuschauen können und vieles andere. Nur wir zusammen sind ein Mensch. Wir sind, was ich vor einigen Tagen symbolisch schrieb, ein Schöpfungsgedanke. Das ist wahr, buchstäblich wahr. Darum, mein Herz, bin ich auch gewiß, daß Du mich auf dieser Erde nicht verlieren wirst, keinen Augenblick. Und diese Tatsache, die haben wir schließlich auch noch durch unser gemeinsames Abendmahl, das nun mein letztes war, symbolisieren dürfen.

Ich habe ein wenig geweint, eben, nicht traurig, nicht wehmütig, nicht weil ich zurück möchte, nein, sondern vor Dankbarkeit und Erschütterung über diese Dokumentation Gottes. Uns ist es nicht gegeben, ihn von Angesicht zu Angesicht zu sehen, aber wir müssen sehr erschüttert sein, wenn wir plötzlich erkennen, daß er ein ganzes Leben hindurch am Tage als Wolke und bei Nacht als Feuersäule vor uns hergezogen ist, und daß er uns erlaubt, das plötzlich in einem Augenblick zu sehen. Nun kann nichts mehr geschehen …

Mein Herz, mein Leben ist vollendet, und ich kann von mir sagen: er starb alt und lebenssatt. Das ändert nichts daran, daß ich gerne noch etwas leben möchte, daß ich Dich gerne noch ein Stück auf dieser Erde begleitete. Aber dann bedürfte es eines neuen Auftrages Gottes. Der Auftrag, für den Gott mich gemacht hat, ist erfüllt. Will er mir noch einen neuen Auftrag geben, so werden wir es erfahren. Darum strenge Dich ruhig an, mein Leben zu retten, falls ich den heutigen Tag überleben sollte. Vielleicht gibt es noch einen Auftrag.

Ich höre auf, denn es ist nichts weiter zu sagen. Ich habe auch niemanden genannt, den Du grüßen und umarmen sollst. Du weißt selbst, wem meine Aufträge für Dich gelten. Alle unsere lieben Sprüche sind in meinem Herzen und in Deinem Herzen. Ich aber sage Dir zum Schluß, kraft des Schatzes, der aus mir gesprochen hat, und der dieses bescheidene irdene Gefäß erfüllt:

Die Gnade unseres Herrn Jesu Christi und die Liebe Gottes und die Gemeinschaft des Heiligen Geistes sei mit Euch allen. Amen.

ALEXIS FREIHERR VON ROENNE[1]

Freiherr von Roenne wurde am 12. Februar 1902 geboren. Als Generalstabsoffizier im Oberkommando des Heeres kam er sehr bald mit den Generälen und Stabsoffizieren zusammen, die seit der Machtübernahme durch Hitler das Unglück über Deutschland hereinbrechen sahen.

Als Chef der Abteilung »Fremde Heere« arbeitete er in der Schaltzentrale der Deutschen Wehrmacht. Die Abteilung: »Fremde Heere« war für die Erkundung der Stärken, Waffen und militärischen Ziele des Feindes verantwortlich.

Gewissensbedenken, die seinem christlichen Glauben entstammten, verboten es ihm, an der Vorbereitung des Attentats des 20. Juli 1944 mitzuwirken. Doch die freundschaftlichen Beziehungen, die ihn mit den Führern des Widerstandes verbanden, waren Grund genug zur Verurteilung. Seine tiefe Glaubensüberzeugung brachte er in seinem letzten Brief vor seinem Tod zum Ausdruck.

Er wurde am 12. Oktober 1944 in der Haftanstalt Berlin-Plötzensee durch die Hand eines Henkers hingerichtet.

Abschiedsbrief an die Mutter:

Berlin, 11. Oktober 1944, abends

Meine einzig geliebte Mama!

Heute kam mir aus einem besonderen Anlaß der Gedanke, Dir noch einmal zu schreiben, obgleich ein kurzer Brief an Dich schon meinen vorigen Abschiedsbriefen beiliegt. Ich weiß, daß Dich trotz Deiner großen Sehnsucht und Freude, zum Heiland zu gehen, mitunter die Todesfurcht einfach vor dem körperlichen Todesvorgang quälte. Und da wollte ich Dir so gerne sagen, daß unser Herr auch die ganze Todesangst fortwischen kann, wenn wir Ihn darum bitten. Ängstige Dich also gar nicht, schon Papa sagte mir, daß unser Großpapa sterbend ein linderndes Mittel von sich wies mit den Worten: »Es muß alles ausgehalten werden!« So souverän stand er über dem Sterben, ganz herrlich. Ich selbst nun erwarte seit einer Woche von Tag zu Tag den Tod, jetzt z. B. für morgen, und der Heiland hat in Seiner grenzenlosen Gnade mich von allem Grauen freigemacht.

Ich bete und denke ganz ruhig und fast ausschließlich an Ihn und dabei natürlich an meine Liebsten, esse mit Appetit, freue mich am Sonnenschein und habe mich nur insofern ganz aus der Welt zu lösen versucht, als ich nicht mehr lese und mich auch möglichst von allen militärischen und politischen Gedanken fern und nur für den Heiland verfügbar halte. Ich gehe früh und betend zu Bett, schlafe ganz ruhig und fest die ganze Nacht wie ein Kind, wende mich erwachend gleich Ihm zu und bin dabei innerlich völlig frei und dazu, abgesehen von meinen Gedanken an meine kleine Schar (seine Frau und seine zwei kleinen Kinder — d. V.), ein vollkommen glücklicher Mensch, ein Vorgang, der hier schon oft auffiel und durch Hinweise auf Ihn erklärt wurde.

Ich hatte mir erst selbst Gedankengänge überlegt, die mir Kraft und Freudigkeit zum Sterben geben sollten, da zeigte Er mir plötzlich zwei Mittel: Vor allem sollte ich mir doch in voller Realität mein Sterben vergegenwärtigen und erst mit Seinem vergleichen! Das hat mir unendlich geholfen: Dort der Sündenlose, freiwillig von seinen »Erlösten« viele Stunden zu Tode gemartert, hier gegenüber ein Augenblicksgeschehen eines Vorganges, der mir sowieso einmal und vielleicht viel qualvoller — lange Krankheit — bevorstehen muß. Den Hinweis erhielt ich durch die zwei schönen Verse »Wenn ich einmal soll scheiden« und besonders: »Und laß mich sehn Dein Bilde in Deiner Kreuzesnot«. Da schämte ich mich aller Hemmungen und wurde furchtlos. Und dann verwies Er mich noch darauf, daß ja der Todesaugenblick zugleich der erste in Seiner seligen Ruhe und Gottesfrieden ist.

Diese Gedanken festhaltend, sehe ich seit Tagen stündlich der Abfahrt zum raschen Heimgang völlig ruhig und frei entgegen mit ganz stillen Gedanken und Puls und habe volle Zuversicht, daß das kurze letzte Geschehen ebenso von Seiner unbeschreiblichen Gnade durchleuchtet sein wird. — Ich schreibe es Dir so genau, meine geliebte Mama, weil ich Dir damit vielleicht in Seinem Auftrag eine kleine

Hilfe geben kann. Für mich besteht schon seit Anbeginn dieser letzten ausschließlichen Gnadenzeit (2 ½ Monate) kein Zweifel daran, daß ich all die unverdiente Barmherzigkeit zu einem ganz großen Teil Deiner jahrzehntelangen Fürbitte verdanke, und ich kann Dir mit Worten gar nicht dafür danken!

Ich halte diese Deine Fürbitte für das weitaus Größte Deiner unendlichen Liebe zu mir, und wir werden in der Ewigkeit noch oft davon sprechen. Ich bitte Dich aber von ganzem Herzen, daß Du für den Rest Deiner Erdenzeit diese Fürbitte auf Ursel und meine zwei Kleinen überträgst. Ach, tue es doch bitte, bitte mit der gleichen Liebe und Treue! Es ist ein unvorstellbarer Schatz, den Du damit meiner geliebten kleinen Schar schenkst, die ihn so bitterlich nötig hat. Ich weiß genau, daß Du meine Bitte erfüllen wirst!

Ich habe natürlich unablässig die Meinen im Gebet vor Ihn gebracht, an manchen bereits erkannten Erhörungen und kleinen, großen Gnaden Sein Wirken erkannt und bin von Ihm mit der Zuversicht erfüllt worden, daß, »wer auf diesen Felsen sein Vertrauen setzt, nicht zuschanden wird!« Ich habe Ihn dabei für sie nie um langes Erdenleben, sondern nur um Kraft und Bewahrung vor Grauen und Not und Lieblosigkeit gebeten und dann natürlich um seligen Heimgang. Der Tod jetzt bedeutet mir gar nichts, aber wie gerne wäre ich mit der kleinen Schar heimgegangen, die ich nun nicht hüten und schützen kann! Doch bei solchen irdischen Gedanken erinnert der Herr mich immer daran, daß ich ihr nach menschlichem Ermessen im Schweren sowieso nicht zur Seite gewesen wäre und daß vor allem Er ein weit besserer Schutz und Schirm ist!

Wie herrlich ist mir das Bewußtsein, so liebe Geschwister zu besitzen, die ihr gewiß, wo sie nur können, wie ein Block zur Seite stehen werden! Aber sie selbst erleben ja jetzt auch viel Schweres, und es will mir scheinen, daß als erstes das liebe, vertraute Lapienen nun schon im Kampfgebiet liegt, auch Hermanns Wirkungskreis ist sicher nicht mehr einfach zu steuern, und wie mag es dem lieben Ebo ergehen, bei dem ich so oft im Gebet war? Die nachrichtenmäßige Trennung von Euch allen war mir oft schwer, aber zugleich wuchs das Bewußtsein engster Verbundenheit vor Gottes Thron und vor allem der Bedeutungslosigkeit der Erdenzeit. Und immer größer wurde die Freude auf die dortige frohe Trennungslosigkeit. Wie unbeschreiblich herrlich wird es sein, und wie glücklich wäre ich erst, wüßte ich meine Liebsten und Euch alle nur schon im Gottesfrieden, leidentrückt!

Ich grüße Euch alle, die Ihr etwa jetzt in Rönkendorf seid, von ganzem Herzen und befehle Euch in Gottes Hand und Segen! Er führe Euch gnädig auf linden Pfaden in Sein Reich wie mich, der ich dem Schächer gleich dorthin gelange! Ich weiß, daß Ihr nie von meinem Liebsten lassen und besonders seines so unendlich weichen, liebebedürftigen Herzens gedenken werdet, das Euch alle auch so lieb hat. Dafür und für all die unendliche Liebe von fast 42 Jahren danke ich Euch und vor allem Dir, meine unbeschreiblich geliebte Mama, aus tiefstem Herzen!

Reiche und innigere Liebe von seiner Mutter hat nie ein Kind empfangen als   Dein Alecci

Mit unendlichem Dank habe ich heute noch an die herrliche Kindheit gedacht, die vor allem Deine Liebe mir in Mitau und Wilkajen bereitete! Alles in goldenem Glanz, Du im Mittelpunkt!

Letzte Briefe an seine Frau
(Der folgende Brief ist noch vor der Gefangenschaft geschrieben.)

25. Juli 1944

Mein geliebtes Herz!

Du weißt, welche Ereignisse über Deutschland dahinziehen und kannst ihre Tragweite erahnen. Es ist bei meiner Stellung gut möglich, daß die Welle auch mich erfaßt und in ihren Strudel zieht. Da will ich Dir nun ein Wort des Abschieds, aber nur für diese Zeit auf Erden, sagen, und des heißen Dankes. Zunächst sollst Du und die Kleinen wissen, daß ich an dem Geschehen unbeteiligt und unschuldig war, was auch immer hernach gesagt werden mag. Alles andere ist daneben nicht wichtig. Aber einen ungeheuren Gewinn habe ich von der so überaus ernsten Zeit gehabt! Ich bin ganz und gar in die geöffneten Arme unseres Herrn und Heilands zurückgekehrt, die ich im Drang der Ereignisse oft genug vergessen hatte. Ich verbringe fast alle freie Zeit im Gebet, ein Gebet um Kraft für mich für alles Kommende und um Segen und Hilfe für Dich, mein Allerliebstes, und die Kinder. Und ich spüre das Geschenk der Kraft für mich so deutlich, daß ich mit der frohen Zuversicht in alles hineingehe, daß es doch nur enden kann am Herzen Gottes im ewigen Frieden; da scheint dann das Vorausgehende unwichtig genug und soll Dich auch gar nicht beschäftigen: mein inneres Auge wird jeden Augenblick hinter allem nur die geöffneten Arme meines Herrn und Heilands sehen.

Mein fester Trost und Grund sind die Sprüche: »Wer zu mir kommt, den werde ich nicht hinausstoßen« und »wenn Eure Sünde blutrot wäre, so will ich sie doch schneeweiß machen« und dann noch die vielen Kernworte von Gottes Liebe als dem tiefsten Grund Seiner Einstellung zu uns. Daran halte ich mich fest und gewinne Kraft und vor allem auch die Gewißheit, daß mein heißes Flehen um euch nicht vergeblich sein wird!

Denn Euch gelten Gebete und Gedanken vor allem und umfassen in größter Liebe Euer ganzes kommendes Leben. Mein Allerliebstes, Du sollst in allem Schmerz immer wieder spüren, daß Du nicht allein dem Leben gegenüberstehst: Er ist bei Dir jeden Augenblick und mag auch meines Flehens für Euch gedenken, wenn Er hilft. — So wie Deine und Mamas Gebete mir den Weg geebnet haben.

Dann aber ist daneben die feste Zuversicht, daß wir beide einmal an Seinem Thron vereint danken und loben werden für alle unverdiente Gnade, von denen die größte ist, daß Er uns einst zusammenführte, wenigstens von den irdischen Gaben. Du sollst es ganz fest wissen, daß mein ganzes Herz nur Dir gehört, mit Banden, die im Leben nur einmal geschenkt werden können, weil sie über das Leben hinaus in die Ewigkeit reichen. Und neben dem Dank an den Herrn gilt mein heißester, unaufhörlicher Dir, mein geliebtes Herz, und wird Dir Begleiter meines letzten Herzschlages sein. Dank für die unaussprechliche Liebe, die Du ohne Unterlaß um mich breitetest wie einen goldenen Mantel. —

Und nun unsere beiden geliebten Kinder, die ich nach Gottes Willen ohne mich lassen muß, aber in Seiner Liebe und Deiner Hut geborgen weiß. Sage ihnen, daß die heißen letzten Gebete ihres Vaters und Seine größte Liebe sie auf der Erdenbahn begleiten und daß ich sie bitte, alle ihre Liebe Dir zu schenken und immer, wenn sie meiner gedenken, Dir etwas besonders Liebes tun als Gruß von mir. Was sie einmal werden und tun, ist nicht wichtig. Wie sie es tun, nämlich an Gottes Hand, darauf kommt es an. Ihr Vater hat da viel gefehlt, aber des Herrn Hand hat ihn doch nicht losgelassen; sie will nur mit Inbrunst gesucht werden.

Sag meinen Dank auch allen anderen Lieben: Mama, den Geschwistern, den Eltern. Sie alle haben mir, vor allem meine geliebte Mama, viel, viel mehr Liebe geschenkt als empfangen und damit viel mehr Sonne in mein Leben getragen, das ein so reiches und glückliches war, als sie es gewußt haben. Auch für sie gilt es:

»Einst droben im Licht!«

Als die Sterbenden — und — siehe, wir leben!

Gott ist die Liebe! Das ist die eigentliche Grunderfahrung aus einer besonderen, mir von Gott geschenkten Gnadenzeit von zwei Monaten. Dieser innerste und letzte Kern der Einstellung unseres Gottes zu uns wird so oft für unser Auge durch die Heiligkeit Gottes verborgen, die ihn gegen alle Sünde Stellung nehmen läßt. Wenn wir aber unser Herz und Ohr Seinem Wirken öffnen, dann sehen wir plötzlich, daß Er den Kampf gegen unsere eigene Sündhaftigkeit mit der allergrößten Liebe führt, nur getragen von dem Gedanken unserer Errettung, nicht unserer Vernichtung. In diesem Sinn habe ich Ihn in diesen zwei Monaten unablässig erleben dürfen, die mich mitten in äußerer Bedrängnis zu voller, beseligender Gotteskindschaft führten und mit vollster Zuversicht ausrüsteten für den letzten Tag der Prüfung und des Einganges in den Gottesfrieden, frei von Versuchung und Schuld.

Es war ein ungeheures Erleben, Ihn stündlich am Werk zu spüren und rückschauend dann Seinen Plan zu erkennen, der im Augenblick oft ein hartes Erleben darstellte, der aber doch aus einer unlösbaren Kette von Erziehungsmaßnahmen bestand und einem einzigen großen Liebesziel diente: Meiner Errettung. An den Anfang der Zeit (seiner Inhaftierung) setzte der Herr ein Offenbarungserlebnis, indem er mir ganz fest und deutlich sagte: »Du mußt jetzt sterben, aber Ich werde bei Dir sein!« Tag und Ort sind mir noch genau gegenwärtig, sie lagen noch kurz außerhalb meiner Gefangenschaft. Mit diesem lauten Warnruf wandte der Herr sich meinem wankelmütigen und flatterhaften Herzen voll zu und zwang mich zu demütiger Bitte auf die Knie. Er gab mir dann aus Sprüchen die ich im Gedächtnis behalte, einige Tage Trost und Zuversicht und zeigte mir, daß Er immer noch am Werke war. Dann aber brachte Er für mehrere Wochen Sein Wort in meine Hand und hielt mir damit einen harten Bußspiegel vor. Immer wieder führte Er darin durch ein hartes Wort, z. B. über Rückfallsünden und über Mangel an Früchten des Geistes mich an den Rand der Hoffnungslosigkeit und ließ mich an der Vergebung fast verzweifeln. Aber dann gab Er mir immer wieder Kraft zum Gebet »und doch« oder sandte mir in die Erinnerung ein tröstliches Gleichnis, wie das vom verlorenen Sohn, vom kanaanäischen Weib, vom sinkenden Petrus oder ein anderes Wort und ließ mich wieder Seine Nähe spüren. Allein aus dem Gefühl, unablässig im Kampf gehalten und gehämmert zu werden, gewann ich die Hoffnung, noch nicht verworfen zu sein, und ganz allmählich gewährte Er Augenblicke der Gnade.

Dazu fügte Er viele kleine, äußerliche Prüfungen, die mir die Wahl ließen, mich zu verbittern oder an ihnen demütige Hinnahme aus Seiner Hand zu lernen. Zugleich schulte dieses äußere Erleben in der richtigen Einstufung von »Klein und Groß« und ließ das Ewigkeitsproblem alles andere allmählich verdrängen. Im Ringen um seine Seligkeit lernt man rasch Menschlichkeiten der Umwelt zu übersehen, an denen man sich sonst zerrieben und verhärtet hätte. Auch kleine körperliche Entbehrungen verschwinden im Lichte der Ewigkeit zu dem Nichts, das sie sind. Das alles wurde klein und — Gott sei Lob und Dank! — man selbst auch!

Dann zeigte mir der Herr in Seinem Wort den Weg der Heiligung und Seine Forderungen, die sich natürlich nur auf Überwindung äußerlicher, kleiner Versuchungen richten konnten. Und dann schenkte Er auch Kraft zu dem einen oder anderen kleinen Sieg, während Er mich oft genug straucheln ließ, wenn ich, auf eigene Kraft trauend, Seine Hand einen Augenblick ließ. So arbeitete der Herr unablässig, Tag und Nacht in unermüdlicher Liebe strafend und durch Verlassung ermahnend und aufrichtend, das Gewissen schärfend, den Kampf gegen die zahllosen Angriffe des Satans (Zweifel und Versuchungen) leitend und Wachsamkeit fördernd. Oft waren es bitterschwere Augenblicke, Stunden am Tage, aber das Bewußtsein Seiner Liebe wurde doch immer stärker, das Ziel — meine unbedingte Errettung — immer klarer und beseligender, dazu kam das Gefühl, als ein verirrtes Schaf nun im letzten Augenblick noch auf Seiner Schulter zur Herde getragen zu werden.

In den letzten zwei Wochen entzog der Herr mir wieder Sein Wort, das ich wochenlang an Seiner Hand durchgearbeitet hatte, ganz offenbar, um die letzte Zeit nur noch auf Gebet und unmittelbare Verbindung mit Ihm zu basieren. Er zeigte dabei durch das Schwanken dieser Verbindung alle Verfehlungen und führte zur Buße. Und immer größer wurde mir das Kreuz, das alle Schuld der Welt deckt und das zeitlose Denkmal Seiner Gnade und Liebe ist. Bis Er dann das beseligende Bewußtsein schenkte, daß auch alle meine Schuld doch zu nichts geworden ist und daß nichts mich zu scheiden vermag von der Liebe Gottes. Damit ist aber der Tod zu einer kurzen Station auf dem Himmelswege geworden, er ist verschlungen in den Sieg und hat seine Schrecken verloren. Er ist nur noch ein dunkles Tor, hinter dem mein Heiland in dem auch mir bereiteten Gottesfrieden wartend steht, mich zu friedvoller Ruhe und zur Auferstehung in Reinheit zu führen. Damit ist aber auch das Ziel des Herrn mit mir herrlich hinausgeführt, weshalb Ihm Lob und Dank aus tiefstem Herzensgrund gebührt für Seine Gnadenzeit an mir und Seine unvorstellbar große Liebe. — Gott ist die Liebe! —

Diese Gewißheit steht auch über dem anderen, großen, so überaus schweren Problem der zwei Monate: »Meine geliebte kleine Schar.« (Seine Frau und seine zwei Mädchen.) Was hätte es bedeutet, mein Liebstes auf der Welt an dem gewaltigen Erleben meiner Errettung teilnehmen zu lassen, allein um ihnen die unerschütterliche Gewißheit von der Liebe Gottes, nicht Seinem Zorn und Seiner Strafe auf den Weg mitzugeben. Es wäre mir die höchste Erfüllung meines Lebens gewesen — nun bleibt dieses herrliche, tiefste, gemeinsame Erleben der grenzenlosen Liebe Gottes unserer Wiedervereinigung in Seinem Reiche vorbehalten.

Ich selbst habe aus diesem Erleben dieser Liebe und Allmacht Gottes die felsenfeste Zuversicht geschöpft, daß Er meine liebe kleine Schar mit Seiner Liebe umschließen und mit Seinem Reichtum begnaden wird. Darum habe ich unablässig gefleht, immer wieder jedes Einzelne vor Gott gebracht mit allem, wessen es äußerlich und innerlich bedarf: Trost, viel Liebe, Kraft, Mut, tatkräftige Hilfe, Gesundheit und vor allem des Heilandes selbst. Ihn zu umklammern, auf die irdische Aufgabe zu blicken und auf das Wiedersehen droben, das sollen die drei Blickpunkte, das Ziel sein. Ihn, den Herrn nach diesem furchtbaren Schlag verzweifelt zu verlassen, das ist die Gefahr des Augenblickes, die den entscheidenden Halt und die Hoffnung auf das Wiedersehen vernichten würde.

Der Herr wird in Gnaden davor bewahren und bald zeigen, daß Er wie eine Mutter tröstet, daß ER nun an meiner Stelle zwischen meinen Liebsten und dem Lebenssturm stehen und Kraft geben wird.

Ich bete darum, daß Er bald die Erfahrung schenkt, wie Er nicht nur Hilfe aus seinem Reichtum gewährt, sondern das viel Wichtigere: Die Erfüllung des Herzens mit Frieden, Ruhe und Zuversicht. Bei Ihm ist vor allem der Ort zum Ausschütten des Herzens, Ausbreiten der Gedanken und vertrautestem Zwiegespräch über alles, was das Herz bewegt, enttäuscht oder bekümmert, dort ist Antwort, Klärung der Gedanken, Beruhigung des aufgewühlten Gemütes und unendliche Kraft zum Überwinden dessen, woran man sich reibt und stößt. In diesen Zwiesprachen wird einem wie nirgends anders klein das Kleine und groß nur der Herr und die Ewigkeit (für einen selbst und die Seinen), dort lernt man an Seiner Hand wirklich die Welt überwinden und ihre Probleme nicht als das Wichtigste anzusehen, auch Entbehrungen und alle Bitternisse als Teile eines großen Erziehungsplanes des Herrn, der mir die Seligkeit zum Ziel setzt. Doch lernt man, um alles, alles zu bitten, aber mit dem Zusatz ›Dein Wille geschehe!‹ Und damit ist eigentlich im Letzten jedes Kümmernis überwunden, weil man es damit als ausdrücklichen Willensakt des liebenden Herrn anerkannt hat, der demütig hingenommen werden muß. Aber wie oft befreit der Herr dann auch von Kümmernissen, meist nach kurzen Bewährungsproben, aber königlich weit über Bitten und Verstehen!

Auch die Beziehungen zur Umwelt und den Mitmenschen sind so entscheidend durch Gebet und Fürbitte zu beeinflussen, zu vertiefen und zu entspannen. Wie habe ich dieses alles in dieser kurzen Zeit erfahren dürfen, die so ganz in das Licht Seiner Gnade getaucht war. Ja, wir haben einen unendlich reichen und gnädigen Herrn, der jedes, auch das mühsamste Leben einer ringenden Frau, völlig zu durchleuchten, mit Seinem tiefsten, innersten Frieden zu erfüllen vermag. An Seiner Hand wird die Welt wirklich überwunden, sie gilt es zu halten in der vollen Gewißheit: »Gott ist die Liebe!« Er wird das in Gnaden verleihen. Die Brücken zu Ihm sind Sein Wort und das Gebet, am besten vereint, indem wir betend um rechtes Verständnis zu Seinem Wort greifen und hinterher uns selbst darin zu entdecken suchen.

Wir werden uns fast immer darin finden als Fragende, als Gestrafte und werden als Ermutigte Ihm näher kommen, wenn wir Ihn um Kraft bitten, die Folgerung zu ziehen. Dann aber müssen wir auch mit allem und jedem Anliegen zu Ihm kommen, das uns bewegt. ER nimmt, im

Gegensatz zu den Menschen, alles ernst und voll. Er hilft uns allein schon durch das Anhören, weil wir uns beim Gebet nie allein fühlen. Er schickt uns den Heiligen Geist mit Kraft und Mut, auch wenn wir zur Bewährung länger auf Ihn warten müssen. Aber plötzlich spüren wir beseligt Seine Ankunft und Wirkung.

Er will aber gebeten sein, Er will dadurch allmählich ganz zu dem entscheidenden Bestandteil unseres Lebens werden, ohne dessen Einschaltung nichts mehr geschieht, deshalb fordert Er Ausdauer. Der Herr selbst hat ganze Nächte hindurch gebetet, besonders vor wichtigen Entscheidungen. Er hat auch vergeblich gebetet (Gethsemane) und sich völlig verlassen gefühlt (am Kreuz). Aber Er hat nie nachgelassen im Flehen, sogar unter Tränen. Er kennt darum genau unsere Gebetsnot vor scheinbar verschlossenem Tor. Er erzieht damit, entweder zur Ausdauer oder zur Räumung eines Hindernisses, das wir zwischen Ihm und uns gelegt haben.

Wenn Er aber schließlich sprechen kann: Weib, dein Glaube ist groß, dann ist die Gewährung, oft auf ganz anderem Wege als gedacht oder geplant, da. Wer nur gewiß geworden ist, daß ER uns zutiefst lieb hat, der bete auch mit Zuversicht. Nicht, daß gerade die betreffende Bitte erfüllt, sondern daß ER überhaupt helfen wird. Wie oft ist mir gerade dort und dann Erfüllung geworden, wenn ich etwas abschloß mit den Worten: »Es ist offenbar nicht Dein Wille und also gut auch so.« Da stand es plötzlich erfüllt vor mir, ein wundersames Erleben. Dadurch hat Er mir allmählich die Zuversicht als Grundhaltung geschenkt und mir aus

Hebräer 10,39 besondere Kraft gegeben: »Wir aber haben nichts zu tun mit dem Kleinmut, der ins Verderben führt, sondern halten es mit dem Glauben, der das Leben gewinnt.«

Daß dieses auch als Grundhaltung meinen Liebsten geschenkt würde, ist mein heißes Gebet! Mitunter zeigt uns der Herr allerdings Seinen unumstößlichen Willen in einer Sache, da ist es dann wohl richtig, seine Gebetskraft auf anderes zu richten. So ist es mir mit dem mir angekündigten Ende ergangen, und ich preise Ihn, daß Er mein Gebet fortan ganz auf das Ende in Seiner Gnade konzentriert, und dazu so herrliche Erfüllung schenkt. Aber die gleiche Zuversicht hat Er auch mir im Gebet für meine Liebsten gegeben. Er wird auch das hinausführen! Denn Er ist ja selbst die Liebe — immer wieder muß es gesagt werden — von ganz übermenschlicher, eben göttlicher Liebeskraft.

Wer etwa gleichzeitig unter schwerer Anklage vor Seinem und einem menschlichen Gericht gestanden hat, der wird das wunderbar inne. Doch wo Menschen nüchtern Schuld registrieren und ebenso nüchtern die vermeintlich vernichtende Folgerung ziehen, hält auch Er Sein Gericht, das Schuldenberge zutage fördert, aber zugleich ist Seine göttliche Liebe nur auf ein Ziel aus: Die Errettung des Schuldigen! Und sie scheut Tag und Nacht keine Mühe, bis es erreicht, der Schuldbrief zerrissen und der Schuldner ein Gotteskind geworden ist. Das erleben zu dürfen, ist reichste Gnade. Kann ein solcher Gott meine Liebsten in wahrhaftes Elend und Verlassenheit stoßen? Ich glaube es nie und nimmermehr, wenn sie bei Ihm vertrauend bleiben; und dazu wird Er die Kraft schenken.

Wohl können für sie, wie für viele, härteste Prüfungen kommen, vor denen ich sie sicherlich auch nicht hätte bewahren können. Nimmermehr aber wird Gott mich in unendlicher Gnadenarbeit zu einem seligen Ende retten und meine Allerliebsten ins Elend stürzen. Da heißt es also, sich unlöslich an Ihn klammern, Ihm vertrauen, mit Ihm planen, auf Sein Wort hinausführen. Auch auf dem Wege über andere Gotteskinder, die man suchen muß, kann Er Rat und Hilfe schicken und im großen, ernsten Geschehen der Zukunft alles in Gnaden hinausführen. Denn Er ist ja der Herr des Himmels und der Erden, vor dem wir stehen, dem alles ein Kleines ist! Das Größte aber, was Er zu schenken vermag, ist die Erkenntnis, daß ER uns lieb hat und die Gewißheit, daß nichts, weder Tod noch Leben, uns scheiden kann von der Liebe Gottes, die in Christus Jesus ist. Wem das geschenkt ist, der hat Zuversicht und Frieden in aller Not der Welt und den Schlüssel zum Himmel und damit zum Wiedersehen! Daher hin zu Ihm.

Berlin-Plötzensee, 12. Oktober 1944
Königsdamm 7

Mein Allerliebstes!

Gleich gehe ich nun heim zu unserem Herrn in voller Ruhe und Heilsgewißheit. Meine Gedanken sind in allergrößter Liebe und voll Dank bei Dir, bei Euch.

Ich bitte Dich als letztes: Klammere Dich nur an Ihn und habe in Ihm volle Zuversicht. Er liebt Dich.

Jeder Entschluß, den Du nach Gebet im Leben für Euch faßt, hat meine volle Billigung und meinen Segen. Wenn Du wüßtest, wie unvorstellbar treu Er mir in diesem Augenblick zur Seite steht, wärst auch Du für Dein ganzes schweres Leben gewappnet und ruhig. Er wird Dir Kraft zu allem geben.

Ich segne die beiden geliebten Kleinen und schließe sie in mein letztes Gebet innig ein: Der Herr lasse Sein Angesicht leuchten über ihnen und führe sie heim.

Innige Grüße und Dank meiner geliebten Mama, den Eltern und Geschwistern. Mögen sie von Ihm behütet, im heiß geliebten Vaterland auch schwere Zeiten überdauern.

Dir, mein Allerliebstes, gehört meine heiße Liebe und Dank bis zum letzten Augenblick und seliges Wiedersehen.

Gott behüte Dich.

Pfarrer WERNER SYLTEN[1]

Wer von uns kennt Pfarrer Werner Sylten? Es werden wohl wenige sein, vielleicht Verwandte, Bekannte aus seinem damaligen Freundeskreis oder Historiker, die sich mit der Kirchengeschichte intensiv befasst haben. Es scheint, als sei der Name irgendwie verloren gegangen, aber gewiss nicht bei Gott! Jesus hat es seinen Jüngern versichert: »Ich bin der gute Hirte und kenne die Meinen, und die Meinen kennen mich, wie mich mein Vater kennt, und ich kenne den Vater. Und ich lasse mein Leben für die Schafe.« Pfarrer Sylten war ein Jünger Jesu, er ließ sein Leben für seinen Erlöser Jesus Christus, deshalb wird sein Name auch im Buch des Lebens gefunden werden:

»Und ich sah die Toten, groß und klein, stehen vor dem Thron, und Bücher wurden aufgetan. Und ein anderes Buch wurde aufgetan, welches ist das Buch des Lebens. Und die Toten wurden gerichtet nach dem, was in den Büchern geschrieben steht, nach ihren Werken.« (Offenbarung 20,12)

Mir selbst ist nur bekannt, dass Pfarrer Werner Sylten am 9. Juli 1893 geboren und am 26. August 1942 im Konzentrationslager Dachau umgebracht wurde. Seine wenigen Zeilen, die ich gefunden habe und sein an Gott gerichtetes Gedicht geben mir Gewissheit, dass er bei der wunderbaren Gemeinde der durch das Blut Jesu Christi erlösten »Schafe seiner Weide« zu finden ist.

Aus Briefen an die Seinen:

1. Juli 1941

Wie werdet Ihr auf Nachricht warten; nun kommt der erste Gruß aus Dachau. Ich bin durchaus gesund und wohlauf; Ihr braucht Euch also darüber keine Sorgen zu machen. — Wir alle müssen täglich um Geduld bitten — nicht unser, sondern »Dein Wille geschehe«.

Dachau 3 K, den 12-14. Dezember 1941

Ihr Lieben, so ist es uns nicht erspart geblieben, dass wir nach so langer Trennung auch das Weihnachtsfest nicht in gewohnter Gemeinschaft feiern können. Wie vielen Familien freilich geht es ähnlich — und wie viele Kinder wissen schon, daß sie ihren Vater nicht mehr lebend sehen werden! Wir dürfen uns noch »fröhliche, selige, gnadenbringende Weihnachtszeit« wünschen. Damals in Bethlehem gab's ja auch großes Herzeleid, und keinerlei »Gemütlichkeit« war in jenem Stall zu finden. Und doch war es ein Jubilieren und Fröhlichsein bei Engeln und Hirten, denn der ersehnte Christus war zu den Menschen gekommen. Seitdem mag es noch so unheimlich zugehen auf Erden, in unserem Leben, — durch Christus wissen wir, daß Gott der

Herr nur Gutes mit uns vorhat, auch wenn es manchmal ganz anders aussieht. Es ist ja Weihnachten geworden; das gibt der Welt einen neuen Schein und wir können, auch unter Tränen, fröhlich Weihnachten feiern. Drum »singet und seid froh«.

Dachau 3 K, den 11. Januar 1942

»Du Vater, Du rate, lenke Du und wende, Herr, Dir in die Hände sei Anfang und Ende, sei alles gelegt.« Meine Lieben, dunkel liegt 1942 vor uns. Unsere Wünsche kennen wir — was Gott über uns beschlossen, wissen wir nicht. Wir legen alles in Seine guten Hände im Vertrauen, daß er's in jedem Falle richtig macht.

20./22. Februar 1942

Mein lieber Reinhard, vergiß nie, auch im Leid dankbar zu sein. Es gibt immer vieles, wofür Gott zu danken ist. Schau nur genau hin! Wer dankbar ist, wird nicht bitter. Ihr beide seid stets von so viel Liebe umgeben gewesen, daß das in Euch immer neue Liebe weckte, Ihr Liebe ausstrahltet. Die Welt braucht viel, viel Liebe!

14. Juni 1942

Du hast recht, liebe Brunhilde, — in dem Leid dieser Zeit sich dankbar zu erinnern, wie viel Gutes uns doch auch begegnet ist im Leben. Und haben wir das Gute aus Gottes Hand empfangen, sollen wir nicht auch willig das Schwere aus Gottes Hand nehmen, wenn Er es uns schickt? Freilich, wir werden immer darum ringen müssen: unser Herz sehnt sich nach Glück und Frieden und Gemeinschaft desto mehr, je mehr es dessen entbehren muß.

12. Juli 1942

… Mir ist das Herz jetzt oft schwer, so dunkel alles! Gott schenke Euch und mir es täglich neu, wirklich in allem, auch in den seltsamsten Fügungen, Seinen gnädigen, guten Willen gläubig anzuerkennen.

»Nun aber bleibet Glaube, Hoffnung, Liebe, diese drei — aber die Liebe ist die größte.« In solcher Gewißheit laßt uns innig verbunden bleiben und immer neuen Mut und neue Kraft daraus schöpfen.
»Wir machen unser Kreuz und Leid nur größer durch die Traurigkeit« — sondern »stimmt ein Loblied nach dem anderen an …«

Noch im selben Monat ereilte ihn sein Geschick. In den letzten Tagen gab er seiner Zuversicht vor dem Tod in einem Gebet Ausdruck:

Gebet

»Wenn mir am allerbängsten wird um das Herze sein, so reiß mich aus den Ängsten kraft Deiner Angst und Pein.«

Christus allein kann Segen
auch schaffen aus dem Leid,
auf unbeschwerten Wegen
uns führ'n zur Ewigkeit,
die in dies dunkle Leben
voll Rätsel und voll Streit
kann Licht und Freude geben
und Fried' und Ruh' verleiht.
Die uns die Welt bleibt schuldig,
die uns der Mensch nicht gibt.
Drum schaue nur geduldig
auf Christ, der uns geliebt,
dass er sein Leben tauchte
in Nacht und Gram und Tod,
und der am Kreuz noch hauchte:
»Mein Gott, dennoch, mein Gott.«
Mein Gott, auch in des Lebens
Dunkler Weglosigkeit
Lass uns doch nicht vergebens
Not und Verlassenheit
Im Schauen auf Dich verwinden.
Reiß uns aus Angst und Pein
Und lass am Kreuz Dich finden,
Dich unser Heiland sein.

ADAM VON TROTT ZU SOLZ[1],
Legationsrat

Adam von Trott zu Solz gehörte dem Reichshochadel an. Er wurde am 9. September 1909 in Imshausen/Hessen geboren. Als erfahrener Diplomat versuchte er seit 1939, durch persönliche Beziehungen in den angelsächsischen Ländern bei führenden Staatsmännern in Washington und London ein von der Hitler-Diktatur befreites Deutschland und einen ehrenvollen Frieden zu erreichen.

Sein Versuch scheiterte. Nach dem Attentat am 20. Juli 1944 wurde er als Freund und Mitarbeiter des Grafen Claus von Stauffenberg vom Volksgerichtshof verurteilt und am 26. August 1944 in Berlin-Plötzensee hingerichtet.

Aus dem Abschiedsbrief an die Mutter

Berlin-Plötzensee, den 26. August 1944
Königsdamm 7

Liebste Mutter, so kommt es gottlob doch noch zu einem kurzen Wort an Dich; Du bist mir immer, auch jetzt, sehr nah. Ich halte dankbar und fest an dem, was uns je und je verbindet. Gott ist mir in diesen Wochen gnädig gewesen und hat mir frohe, klare Kraft zu allem, fast allem geschenkt — Er hat mich auch gelehrt, wo und wie ich fehlte. Ich bitte vor allem auch Dich um Vergebung für allen großen Schmerz und daß ich Dir jetzt noch im Alter diese Stütze nehmen mußte.

Dir noch zuletzt einen dankbaren Herzenskuß und auf Wiedersehen.

Dein Dich sehr liebender Sohn Adam
»In Deinen Geist, Herr …«

HANS-BERND VON HAEFTEN[1],
Vortragender Legationsrat im Auswärtigen Amt

Hans-Bernd von Haeften wurde am 18. Dezember 1905 in Berlin geboren. Bereits im Jahre 1939 gab er in einem Brief an seine Frau seinem Entsetzen über die Machtübergabe »an diesen Hitler mit seiner Räuberhauptmannsmoral« Ausdruck.

Seine Weigerung, in die Partei einzutreten, trug ihm das Misstrauen der Machthaber ein. Als er es schließlich wagte, einen Träger des Goldenen Parteiabzeichens als Betrüger zu entlarven, wurde die Spannung zum offenen Konflikt.

Schon 1940 schloss er sich dem Kreisauer Kreis an. Gewissensbedenken verboten es ihm, dem gläubigen Christen, die Planung des Tyrannenmordes zu unterstützen.

Trotzdem stand er am 20. Juli mit seinen Freunden zu diesem äußerlichen Wagnis, weil er gleich ihnen die Schuld des schweigenden Zusehens nicht länger ertragen konnte.

In der Verhandlung vor dem Volksgericht am 15. August 1944 bekannte er sich zur Tat. Auf die Frage des vulgären Präsidenten des sogenannten »Volksgerichtshofes« Roland Freisler, ob er einsehe, dass er Verrat geübt habe, entlud sich die Spannung all der Jahre in seiner Antwort: »Juristisch ist es Verrat, tatsächlich aber nicht, denn eine Treuepflicht habe ich nicht mehr empfunden. <u>Ich sehe in Hitler den Vollstrecker des Bösen in der Geschichte</u>.«

Noch am selben Tage wurde Hans-Bernd von Haeften hingerichtet. Kurz vor der Hinrichtung schreibt er an seine Frau:

15. August 1944

Meine liebe, liebste Frau, meine gute Barbara, wohl in wenigen Stunden werde ich in Gottes Hände fallen. So will ich Abschied von Dir nehmen. Schnell ein paar äußere Dinge …

Barbara, in diesen Haftwochen habe ich Gottes Gericht stillgehalten und meine »unerkannte Missetat« erkannt und vor Ihm bekannt. »Gottes Gebote halten und Liebe üben und demütig sein vor Deinem Gott« — das ist die Regel, gegen die ich verstoßen habe. Ich habe das fünfte Gebot nicht heilig gehalten (obwohl ich einmal Werner damit zurückgewiesen habe), und das Gebot der Demut, des »Stillseins und Harrens« habe ich nicht ernst genug genommen.

Vor allem habe ich nicht Liebe geübt gegen Euch, die mir anvertraut waren. Um Euretwillen, um Muttis und der Eltern willen hätte ich von allem Abstand nehmen müssen. Bitte sage ihnen, zugleich mit meinem tiefsten Dank für all ihre Hilfe und Liebe, daß ich sie herzlich bitte, sie möchten mir verzeihen.

Barbel, ich habe all dieses getan in der Meinung und in dem Willen, recht zu tun vor Gott. In Wahrheit war ich ungehorsam, obwohl ich ehrlich gefleht habe, Er möge mich auf Seinen Wegen leiten, daß meine Füße nicht gleiten; sie sind geglitten. Warum? Ich habe in all den Zweifeln wohl nicht still und geduldig genug gewartet, bis Er Seinen Willen mir unzweideutig kundtat. Vielleicht war es auch so Sein unergründlicher, heiliger und heilsamer Ratschluß.

Liebste Frau, ich sterbe in der Gewißheit göttlicher Vergebung, Gnade und ewigen Heils; und in der gläubigen Zuversicht, daß Gott all das Unheil, Schmerz, Kummer, Not und Verlassenheit, das ich über Euch gebracht habe und das mir das Herz abpreßt, aus Seinem unermeßlichen Erbarmen in Segen wandeln kann, daß ER Euch alle an Seinen Vaterhänden auf Euren Erdenwegen geleiten und am Ende zu sich ziehen wird. Der Herr, unser Erbarmer, wird auch Deinen Schmerz allmählich lindern, Deinen Kummer sänftigen, Dein Leid stillen, Deine Liebe wird die gleiche bleiben, denn »sie höret nimmer auf«.

Meine gute Barbara, ich danke Dir aus tiefstem Herzen für alle Liebe und allen Segen, die Du mir in den vierzehn Jahren unserer Ehe geschenkt hast. Bitte vergib mir allen Mangel an Liebe. Ich habe Dich sehr viel mehr lieb, als ich Dir gezeigt habe. Aber wir haben eine Ewigkeit vor uns, um uns Liebe zu erweisen. Dieser Gedanke sei Dir ein Trost in der Trübsal Deiner Witwenjahre. Ich bin gewiß — sei Du es auch —, daß wir beide mit allen unseren Lieben wieder vereinigt werden in Gottes unaussprechlichem Frieden (der vollkommenste Ruhe und zugleich seligste Bewegung in göttlichem Dienst ist), in der Anbetung und unmittelbaren Erfahrung göttlicher Liebe, in der wunderbaren Geborgenheit in des Heilands Gnade und Güte, in der erlösten Seligkeit der Gotteskindschaft. Auch schon auf Erden gehörst Du zum Leibe Christi, dessen Gliedschaft aufs innigste erfahren wird im Sakrament des Altars, in der Gegenwart des Herrn, der alle die Seinigen — sie mögen vor oder hinter der großen Verwandlung stehen — auf wunderbare Weise zusammenschließt.

Betet für mich den 126. Psalm; über ihn ging die letzte Predigt, die ich am Tage der Verhaftung in unserer Dorfkirche hörte. Und dazu betet den 103. Psalm, lobet und danket. Mein letzter Gedanke, liebste Frau, wird sein, daß ich Euch, meine Lieben, des Heilands Gnade und meinen Geist in Seine Hände befehle. So will ich glaubensfroh sterben. Und ich möchte, meine liebe Barbel, daß auch Du »die immer heitere Frau von Haeften« bleibst! Scherze und lache mit den Kindern, herze sie und sei fröhlich mit ihnen, sie brauchen Deine Frohnatur, und wisse, daß nichts mehr nach meinem Sinne sein könnte.

So grüße ich Euch, meine lieben Liebsten, mit dem alten Grußwort »Freuet Euch« — »Freuet euch in dem Herrn allewege und abermals sage ich: freuet Euch!« »Und der Friede Gottes bewahre Eure Herzen und Sinne in Christus.«

Grüße und küsse von mir unsere lieben Kinder, den lieben Jannemann, den guten Dirkus, das treue Addalein, das köstliche Dörchen, das süße Ulrikchen. Und Dich selbst, meine liebe allerliebste Frau, meine gute herzlichste Barbara, Dich küsse ich und umarme Dich und halte Dich an meinem Herzen mit den tiefsten flehenden Wünschen für Zeit und Ewigkeit!

Dein Hannis

ALFRED HERBST[2],
Elektromonteur

Nicht nur bekannte und einflussreiche Menschen des öffentlichen Lebens verweigern sich still oder offen dem berüchtigten Terrorregime; es sind auch einfache Menschen, wie Handwerker, Arbeiter, Angestellte und Landwirte, die das Unrecht beim Namen nennen oder sich den Mordabsichten der Nationalsozialisten entziehen.

Alfred Herbst wurde am 15. 12. 1906 in Schriesheim bei Heidelberg geboren. Bis zu seiner Einberufung zum Militär am 26. 03. 1943 arbeitete er als Elektromonteur in der Installationsabteilung einer Stuttgarter Firma. Er war verheiratet mit Elise und Vater einer Tochter namens Sonja, die am 01. 01. 1936 zur Welt kam.

Alfred Herbst gehörte einer evangelisch-freikirchlichen Gemeinde an, er war also kein »Zeuge Jehovas«, die grundsätzlich alle Anordnungen der Obrigkeit ablehnen und dafür in der damaligen Zeit eingekerkert und oftmals erschossen wurden. Alfred Herbst war es als bekennendem Christen unmöglich, einen Eid auf den Diktator Adolf Hitler zu leisten, wie er überhaupt keinen Eid zu leisten bereit war, weil er nach dem Wort Jesu lebte:

»Ich aber sage euch, dass ihr überhaupt nicht schwören sollt, weder bei dem Himmel, denn er ist Gottes Thron; noch bei der Erde, denn sie ist seiner Füße Schemel; noch bei Jerusalem, denn sie ist des großen Königs Stadt« (Matthäus 5, 34-35).

Da er seinen Wehrdienst aus diesem Grund verweigerte, wurde er verhaftet und zunächst in das Gefängnis von Böblingen gebracht. In der Zeit vom 8. 4. 1943 bis zum Tag seiner Hinrichtung, dem 20. 7. 1943 in der Haftanstalt Brandenburg, schrieb er Briefe, zitierte Gedichte und entwarf Predigten für einen eventuell späteren Dienst. Daraufhin wurde er vor ein Kriegsgericht gestellt und zum Tode verurteilt.

Das Urteil lautete:

»Der Angeklagte ist 36 Jahre alt und Reichsdeutscher; er ist daher verpflichtet, laut Wehrgesetz, als Soldat mit der Waffe am aktiven Wehrdienst teilzunehmen, dessen ist sich der Angeklagte bewusst gewesen. Da er sich dennoch weigert, trotz mehrmaliger Vernehmung, Wehrdienst zu leisten, hat er es fortgesetzt unternommen, sich der Erfüllung dieses Dienstes zu entziehen. Dass er aus religiöser Überzeugung handelt, ist für seine Schuld strafrechtlich ohne Bedeutung. Bedenken wegen seiner vollen Zurechnungsfähigkeit sind nicht erhoben worden. Der Angeklagte ist demnach eines fortgesetzten Verbrechens der Wehrkraftzersetzung nach § 5 schuldig.

Das Urteil lautet: der Angeklagte wird wegen Zersetzung der Wehrkraft zum Tode, zum Verlust der Wehrwürdigkeit und zum dauernden Verlust der bürgerlichen Ehrenrechte verurteilt.«

Das Urteil war gesprochen. Alfred Herbst blieb unerschütterlich bei seiner festen Glaubensüberzeugung, doch es quälte ihn, dass seine Frau ernstlich erkrankt war und er, als ihr Ehemann, nicht helfend und tröstend bei ihr sein konnte.

An seine Frau schrieb er:

Meine Liebe!

Durch die Gnade des Herrn ist es mir möglich, einen ausführlichen Brief an Euch zu senden.

Es sind ja nur noch Tage, die ich hier auf Erden weilen werde. Dank dem Herrn, er ist mir bisher mit wunderbarer Kraft zur Seite gestanden. Er wird es auch tun bis zum letzten Atemzug. Im Großen und Ganzen ist es hier strenger. Mit der Kost kommt man geradeso durch, es ist alles bis aufs Gramm berechnet und sehr fettarm. Beim längeren Lesen oder Schreiben wird einem oft schwarz vor den Augen.

… Die Behandlung ist im Ganzen nicht schlecht. Doch alle paar Tage kommt ein Offizier und fragt, ob ich meine Einstellung nicht ändern wolle. Dies gab mir oft Gelegenheit, ein Zeugnis für den Herrn abzulegen. Vor der Verhandlung wurde ich zweimal vor dem Reichskriegsgericht vernommen. Meinen Lebenslauf mußte ich erzählen und in der Hauptsache, wie ich zum Glauben und zu dieser jetzigen Einstellung gekommen bin. Bei der Hauptverhandlung mußte ich dies alles wiederholen, natürlich auch, ob ich noch mehr solcher »Glaubensgenossen« hätte. Als ich dann wieder in meine Zelle kam, dankte ich meinem Herrn für den Frieden und seinen herrlichen Beistand. Ich durfte erleben, wie der Herr einem Worte in den Mund legt, ohne daß man sich besinnen muß.

Durch das Zeugnis, das ich ablegen durfte, sagte der Gerichtspräsident vor der Urteilsverkündigung: »Herbst, Sie haben uns eine schwere Entscheidung bereitet. Wir Herren sind alle der Überzeugung, daß Sie ein tiefernster Christ sind. Wir haben alle Arten versucht, Sie vom Härtesten zu befreien, leider ließ sich kein Weg finden, denn die Gesetze sind so hart und unmöglich für uns, ein anderes Urteil zu sprechen.«

Nach der Verhandlung ließ mich noch ein Generalmajor zu sich und bot mir noch einige Bedenkzeit an. Ich solle mich doch noch anders besinnen. Für solche Menschen seien die Urteile zu hart, und so würden die besten Menschen hingeschlachtet.

Aber nach all dem, was ich in diesen Wochen erlebte, bin ich noch fester geworden in der Überzeugung, daß der Weg im Vertrauen zu unserem Herrn und König Jesus Christus allein der rechte ist.

Berlin, d. 18./20. Juli 1943

Meine liebe, gute Frau, mein liebes Kind!

Vor allem habe Du innigen Dank für die Liebe, die Du mir durch Deinen Besuch erwiesen.

Es war das letzte Mal auf Erden, daß wir uns nochmals Auge in Auge schauen konnten.

Bis das Schreiben bei Euch eintrifft, werde ich vom Glauben zum Schauen gelangt sein.

O, wie gern wäre ich mit Euch noch hier gewandert. Der Herr ließ es zu, mich im Glauben und Gehorsam zu prüfen, und in dieser Prüfung mußte ich Gott mehr gehorchen als den Menschen.

Liebe Elise, der Herr sei mit Dir, wie er es in seinem Wort verheißt. Suche auch Du, ihm zu folgen, bis der Glaube und der Gehorsam zu ihm gesiegt.

Gott mit Euch, bis wir uns wiedersehen!
Mög' er ratend ob Euch walten,
Euch bei seiner Gnad erhalten!
Gott mit Euch, bis wir uns wiedersehen.

Brandenburg, 20. 7. 1943

Meine Lieben, liebe Elise, liebe Sonja!

Habe nun die letzte Gelegenheit, noch ein Lebenszeichen von mir an Euch zu richten.

Heute früh bin ich um halb acht Uhr von Berlin nach Brandenburg gebracht worden.

Gegen ein Uhr wurde das Urteil nochmals verlesen und die Vollstreckung auf 16.15 Uhr angesagt.

Liebe Elise, ich bin ganz getrost in der Gewißheit, meine Sünden sind vergeben, ausgetilgt durch Jesu Blut.

Für Euch, meine Lieben, kann ich jetzt nicht mehr sorgen, aber ich weiß, der Herr sorgt für Euch.

Meine Bitte ist immer wieder, Herr, gib doch bald ein Wiedersehen. Ach ja, möge sich doch sein Wort: »Ich komme bald« erfüllen. Hat doch der Herr in seinem Wort gesagt: »und ob die irdische Hülle zerbrochen wird oder zerfällt, haben wir einen Bau, nicht mit Händen gemacht, sondern einen Bau von Gott erbaut.«

Der Herr will auch, daß wir dort sind, wo er ist, daß wir seine Herrlichkeit sehen, die er vom Vater erhalten hat. Ja, der Herr läutert die Seinen wie Gold durchs Feuer, aber er hilft auch wieder, wenn es einem zu schwer werden will.

Habe heute früh in Berlin auch einen Brief an Dich gesandt. Ich hoffe nun, daß Du beide erhältst.

Den Brief von Berlin habe ich schon letzte Woche geschrieben, da ich noch nicht wußte, an welchem Tag ich von der Zeit in die Ewigkeit scheiden werde.

Und nun, meine Lieben, seid der Gnade und dem Schutz des Herrn befohlen und nochmals recht herzlich gegrüßt und geküßt.

Euer Vater Alfred

NIKOLAUS GROSS[1]

Nikolaus Groß, am 30. September 1898 in Nieder-
wenigern an der Ruhr geboren. Er entstammte einer
Arbeiterfamilie. Als junger Bergmann erweiterte er
sein Wissen durch Lektüre und den Besuch von Abend-
schulen. Er schloß sich der christlichen Bergarbeiter-
bewegung an, gründete und leitete Jugendgruppen,
wurde Gewerkschafts-Sekretär und schließlich Re-
dakteur an der »Westdeutschen Arbeiterzeitung« und
der »Kettler Wacht«.

Sein katholischer Glaube und seine politischen Überzeu-
gungen machten ihn zum Gegner des Nationalsozialismus. Er beteiligte sich an den Vorbereitungen zu dem
Umsturzversuch des 20. Juli. Verhaftet und vor ein Volksgericht gestellt, wurde er am 15. Januar 1945 zum Tod verurteilt und am 23. Januar 1945 hingerichtet.

Abschiedsbrief an seine Familie, geschrieben zwei Tage
vor seinem Tod:

Herzallerliebste Mutter!
   Ihr lieben, guten Kinder alle!
   Es ist St.-Agnes-Tag, an dem ich diesen Brief schreibe,
der, wenn er in Eure Hände kommt, Euch künden wird,
daß der Herr mich gerufen hat. Vor mir stehen Eure Bilder

und ich schaue jedem lange in das vertraute Angesicht. Wieviel habe ich noch für Euch tun wollen, der Herr hat es anders gefügt. Der Name des Herrn sei gepriesen. Sein Wille soll an uns geschehen.

Fürchtet nicht, daß angesichts des Todes großer Sturm und Unruhe in mir sei. Ich habe täglich gebetet, daß der Herr mich und Euch stark mache, alles geduldig und ergeben auf uns zu nehmen, was Er für uns bestimmt oder zugelassen. Und ich spüre, wie es durch das Gebet still und ruhig geworden ist.

Mit inniger Liebe und tiefer Dankbarkeit denke ich an Euch zurück. Wie gut ist doch Gott und wie reich hat er mein Leben gemacht. Er gab mir Seine Liebe und Gnade und er gab mir eine herzensliebe Frau und gute Kinder. Bin ich Ihm und Euch dafür nicht lebenslänglichen Dank schuldig? Habt Dank, Ihr Lieben, für alles, was Ihr mir erwiesen. Und verzeiht mir, wenn ich Euch weh tat oder meine Pflicht und Aufgaben an Euch schlecht erfüllte.

Besonders Dir, liebe Mutter, muß ich hoch danken. Als wir uns vor einigen Tagen für dieses Leben verabschiedeten, da habe ich, in die Zelle zurückgekehrt, Gott aus tiefem Herzen gedankt für Deinen christlichen Starkmut. Ja, Mutter, durch Deinen tapferen Abschied hast Du ein helles Licht auf meine letzten Lebenstage gegossen. Schöner und glücklicher konnte der Abschluß unserer innigen Liebe nicht sein, als er durch Dein starkmütiges Verhalten geworden ist. Ich weiß: Es hat Dich und mich große Kraft gekostet, aber daß uns der Herr diese Kraft geschenkt, dessen wollen wir dankbar eingedenk sein.

Manchmal hatte ich mir in den langen Monaten meiner Haft Gedanken darüber gemacht, was wohl einmal aus Euch werden möge, wenn ich nicht mehr bei Euch sein könnte. Längst habe ich eingesehen, daß Euer Schicksal gar nicht von mir abhängt. Wenn Gott es so will, daß ich nicht mehr bei Euch sein soll, dann hat Er auch für Euch eine Hilfe bereit, die ohne mich wirkt. Gott verläßt keinen, der Ihm treu ist und Er wird Euch nicht verlassen, wenn Ihr Euch an Ihn haltet. Habt keine Trauer um mich, — ich hoffe, daß mich der Herr annimmt. Hat ER nicht alles wunderbar gefügt? ER ließ mich in einem Haus, in dem ich auch in der Gefangenschaft manche Liebe und menschliches Mitgefühl empfing.

Er gab mir über fünf Monate Zeit — wahrscheinlich eine Gnadenzeit — mich auf die Heimholung vorzubereiten. Ja, ER tat viel mehr: Er kam zu mir im Sakrament, oftmals um bei mir zu sein in allen Stürmen und Nöten, besonders in der letzten Stunde. Alles das hätte ja auch anders sein können. Es war nur ein Kleines dazu nötig, ich brauchte, wie viele andere nach dem Angriff vom 6. Oktober, nur in ein anderes Haus verlegt zu werden und ich hätte vieles und Entscheidendes nicht empfangen. Muß ich nicht Gottes weise und gütige Führung preisen und Ihm Dank sagen für Seine Güte und väterliche Obhut? Sieh, liebe Mutter, so menschlich schwer und schmerzlich mein frühes Scheiden auch sein mag — Gott hat mir damit gewiß eine große Gnade erwiesen. Darum weinet nicht und habt auch keine Trauer. Betet für mich und danket Gott, der mich in Liebe gerufen und heimgeholt hat.

Nun habe ich meine irdischen Angelegenheiten geordnet. Die Tage und die Stunden, die mir bleiben, will ich ganz dem Gebet hingeben. Gott möge sich meiner armen Seele erbarmen und Euch immerdar mit Seinem Segen und Seiner Gnade begleiten.

In der Liebe Christi, die uns erlöste und unsere Hoffnung ist, segne ich Euch: Dich, liebste Mutter, Dich Klaus, Dich Berny, Dich Marianne und Dich Elisabeth, Dich Alexander, Dich Bernhard und Dich Leni. Gott vergelte Euch, was Ihr mir Liebes und Gutes getan habt. Im Vertrauen auf Seine Gnade und Güte hofft auf ein ewiges Wiedersehen in Seinem Reich des Friedens

Euer Vater

HERMANN STÖHR [1]

Dr. Hermann Stöhr wurde 1898 geboren. Als Sekretär des »Deutschen Versöhnungsbundes« widmet er sein Leben schreibend, organisierend und lehrend die ihm von seinem evangelischen Glauben eingegebenen Gedanken der sozialen Wohlfahrt und des Friedens. Sein geschichtliches Studium galt vor allem der Auslandshilfe der Vereinigten Staaten. In ihr sah er eine zukunftsträchtige, den nationalen Egoismus überwindende Form der Politik vorgezeichnet.

Unter Hitler verweigerte er den Kriegsdienst und wurde am 21. Juni 1940 wegen »Zersetzung der Wehrkraft« hingerichtet. Er starb im festen Glauben an Jesus Christus und in dem treuen Festhalten an den Grundsätzen, die er 1914 bei der Gründung des Versöhnungsbundes niedergelegt hatte: »Die Liebe, wie sie sich im Leben und im Tode Christi offenbart, ist die einzige Macht, die das Böse bezwingen kann und die einzig dauernde Grundlage für die menschliche Gesellschaft. Um eine Weltordnung aufzurichten, die auf die Liebe sich gründet, müssen jene, die an diesen Grundsatz glauben, es selbst völlig annehmen. Sie müssen die Folgen auf sich nehmen, die sich in einer Welt ergeben, welche diese Ordnungen noch nicht anerkennt. Deshalb ist es uns als Christen verboten, Krieg zu führen.«

Aus einem Brief an die Schwägerin:

3. Juni 1940

… Mit mir steht es so: Ich habe den Militärbehörden seit
2. 3. 1939 erklärt, ich könne meinem Vaterland nur mit Arbeit
dienen, aber nicht mit der Waffe (Matthäus 5,21-26,
38-48) und mit einem Eid (Matthäus 5,33-37; Jakobus
5,12). Am 16. März 1940 erhielt ich dafür mein Todesurteil
und am 13. April 1940 wurde das Urteil bestätigt. — Täglich
bereit sein zum Sterben, das soll ja jeder Christ. Und
dafür ist mir dies jetzt eine Schulung. Zwischendurch freue
ich mich meiner Ruhe, die ich vor allem zum Bibelstudium
nutze.

An die Mutter:

19. März 1940

… Wo noch etwa Todesscheu ist, da stimmt irgendetwas
nicht. Darüber habe ich letzthin viel nachgedacht und an
Hand von Bibel und Gesangbuch studiert. Rein weltlich gesehen
ist ja die Todesstrafe das Ärgste, was uns hier auf Erden
widerfahren kann. Vom Standpunkt des Glaubens aus
aber heißt es: Was können uns Menschen tun? Da weiß
man sich sicher geborgen in der Hand des Allmächtigen …
Es hat nicht an mehr oder minder wohlmeinenden Versuchen
gefehlt, die mich zu einer anderen Meinung zu bringen
wünschten. Es war jedoch so, daß mich dies nur bestärkt
hat in der Erkenntnis, daß Gott auch den Völkern

geboten hat, einander zu helfen und zu lieben. In Dingen einer von Gott geschenkten Erkenntnis aber zu lügen, nur um mir das kleine Leben zu erhalten, das ging nicht. Es hätte bedeutet, Gott verachten und mein Leben auf eine Lüge gründen. — Vor einem Jahr nagelte mir Gertrud den gebrannten Wandspruch über mein Bett: »Sei getreu bis in den Tod, so will ich dir die Krone des Lebens geben.«

Anfangs schien er mir zu hart zu sein, da ich gleich an eine derartige Situation denken mußte, wie die meinige jetzt ist. Ich habe viel daran herumbuchstabiert und ihn schließlich bejaht. Es liegt ja auch eine zu große Verheißung darin. Wenn wir den Osterglauben, den Glauben an eine Auferstehung des Leibes wirklich haben, erfüllt uns gerade angesichts des Todes eine große Freude, die uns bei irdischen Widrigkeiten nur um so heller entgegenstrahlt. Wenn wir diesen Glauben fahren lassen, wird es allerdings düster um uns. So wünsche ich also mir und Euch vor allem einen Glauben an den auferstandenen Herrn, der standhält.

An die Schwester:

20. Juni 1940

Heute Abend wurde mir mitgeteilt, daß mein Gnadengesuch abschlägig beschieden ist, und morgen, also am 21. Juni gegen sechs Uhr früh, wird das Urteil vollstreckt sein. — Das ist somit der Wille Gottes, der uns alle liebt, und uns, die wir Ihn wieder lieben, muß auch dies zum Besten dienen. Es dient uns zum Besten. Und soweit es Dir oder einem anderen zunächst unverständlich zu sein scheint, bitten wir den Herrn, daß Er es uns bald offenbare. — Für mich wie auch für andere gilt, daß Christus uns von der Furcht des Todes erlöst hat, und daß die völlige Liebe die Furcht austreibt. Die völlige Liebe, das ist ER. Und er möge uns alle hineinziehen in diese Liebe. Und wenn wir darin stehen, muß uns alles Leid schwinden, dann wird uns große Freude zuteil. … Was wir uns untereinander vorzuwerfen haben, wollen wir uns restlos vergeben mit der Bitte des Vaterunsers: Vater, vergib uns unsere Schuld, wie auch wir vergeben unseren Schuldigern. — Und so wollen wir dem Tag entgegengehen, der uns alle in der Ewigkeit vereint.

An den Bruder:

20. Juni 1940

Da wir in dieser Gnade stehen, so muß uns auch dieser mein letzter Gang nicht erschrecken. Christus hat uns von aller und auch von dieser Furcht erlöst. Die Vollstreckung dieses Urteils ist mir Gottes Wille. — Gottes guter und gnädiger Wille. Und im Gehorsam gegen Ihn will ich den letzten Gang gehen, Ihm entgegen. Grüße die Verwandten, und sei herzlich gegrüßt so, daß wir uns alle dort in der Ewigkeit wiedersehen.

Werdet nicht traurig über diesen meinen Ausgang und Eingang; sondern freut Euch mit, wie es uns 1. Petrus 4,13-16 nahe legt. Allen möchte ich zurufen: Auf Wiedersehen bei jenem Herrn, der uns zu einem ewigen Leben berufen hat.

Pfarrer DALLA ROSA [3]

Heinrich Dalla Rosa erblickte in Lana bei Meran am 16. 2. 1909 das Licht der Welt. Seine Mittel- und Hochschulstudien absolvierte er in Graz.

Am 14. 7. 1935 wurde er zum Priester geweiht. Nachdem er einige Jahre als Kaplan in der Seelsorge gewirkt hatte, wurde er im Jahre 1939 als Pfarrer von St. Georgen bei Obdach in seine Kirchengemeinde eingeführt. Als Seelsorger übte er sein geistliches Amt mit großer Hingabe aus. Deshalb wurde er sehr bald von den Spitzeln der NSDAP überwacht.

Da er von Mitgliedern aus der eigenen Gemeinde angezeigt worden war, verhaftete man den Seelsorger am 25. 8. 1944 und brachte ihn in das Landgericht I nach Wien, wo dann am 23. 11. 1944 die Volksgerichtsverhandlung stattfand. Der Pfarrer hatte angeblich Zweifel über den guten Ausgang des Krieges geäußert. Er wurde wegen Wehrkraftzersetzung zum Tode verurteilt.

Pfarrer Dalla Rosa nahm das Urteil gefasst und schweigsam entgegen. Als er aus dem Gerichtssaal geführt wurde und an den Zeugen der Anklage vorübergehen musste, sagte er zu seinen Verrätern: »Ich verzeihe Ihnen von Herzen. Wenn ich sterben muss, weiß ich, dass ich für meinen Glauben sterbe!«

Die Briefe an seine Angehörigen sind ein unvergäng-liches Zeugnis für seinen Glauben an Jesus Christus.

So schrieb er aus der Untersuchungshaft:

29. 10. 1944

Liebe Eltern,

Gott, der Urheber jeglichen Trostes, sei mit Euch! Bin nun seit Mittwoch in Wien. Mein Los ist nun durch meinen Zellengenossen Pater Josef Zeininger zum halben Leid ge-worden ... In Zeiten der Not hat mein Glaube, der von der Vorsehung erfüllt ist, sich immer mehr bewährt. Ich danke Gott, der mich vor gottlosen Gedanken bis heute bewahrt hat. Wünsche Euch allen diese wesentliche wichtige Glau-benshaltung. Der Mutter wünsche ich, ja, ich erwarte von Dir jene Festigkeit, die aus der Christushingabe geboren wird. Das Wort von der christlichen Gelassenheit darf kein leerer Schall sein.

Möchte einem auch dünken, daß es sinnlos ist, solches zu dulden, was nur einem Irrtum, wenn nicht Bosheit sein Dasein verdankt, aber es hat schließlich alles seinen Sinn, und sei es auch nur für seine persönliche innere Reife.

Vieles hat der Herrgott noch den Menschen auferlegt, die es vielleicht schwer zu tragen verstehen, weil sie mit dem »Warum?« nicht fertig werden. Gebe Gott nur, daß meine Geduld den Belastungen die Waage hält ...

Danke allen recht herzlich! Den Glauben an die Men-schen dürfen wir ja nie verlieren, denn in der Gottesliebe ist ja die Menschenliebe enthalten ...

Es grüßt und segnet Euch alle,

Euer in Christus dem König lebender Sohn Heinrich

Drei Tage nach der Verkündigung des Todesurteils schrieb er:

Liebe Eltern!

Ihr werdet nun bereits wissen, was sich ereignet hat. Glaubt nicht, daß ich so schwer unter dem mir — wie ja alle wissen — zugefügten Justizirrtum leide.

Die beim Prozeß anwesend waren, werden einst darüber reden können! Zur Ehre Gottes und Seiner heiligen Kirche bekenne ich: Nichts Weltliches, nichts Gehässiges bedrückt mein Gemüt, ich bin innerlich froh, als Zeuge Christi befunden zu sein. Eines aber würde mich innerlich ganz beglücken, wenn ich wüßte, daß Ihr so ewigkeitsnahe zu denken vermögt, wie ich es kann!

Ich grüße und segne Euch alle, und die größte Freude wird sein, wenn ich alle in Gott wiederfinde.

In vier Monaten könnte ich wieder schreiben, aber wir sind ja im Gebet verbunden. Tröstlicheres, als Christus uns über den Wert des Lebens sagt, könnte ich auch nicht sagen.

Alle eventuellen weltlichen Belange überlasse ich Euch. Ihr werdet ja wahrscheinlich alle Gnadengesuche machen. Aber wie ich immer sage: Gottes Heiliger Wille möge sich erfüllen!

Ich bin gesund, mein Herz ist gestärkt durch die Gnade Gottes, ich schlafe sogar gut.

So grüße ich Euch alle und segne Euch! Seid glaubensstark!

Euer ewig dankbarer Heinrich

Noch am Vormittag, vor seiner Hinrichtung, die um 18.24 Uhr stattfand, hatte er einen Brief an seine Schwester, Elise Fugger, Graz-Andritz, geschrieben:

Alle meine Lieben!

Ruhig und gefaßt, so, als wenn es sich bloß um eine Reise handelt, gehe ich meiner Erlösung entgegen. Eines ist mein großes Geheimnis, nämlich die übliche Gelassenheit. Man hat mir gesagt, ich hätte nicht alles so ruhig geschehen lassen sollen, aber alles ist Gottes Fügung.

Ich bin so der Unbegreiflichkeit Gottes, oder besser gesagt, ich unterliege seiner besonderen Gnadenführung. Das Wörtchen »Warum?« habe ich mir so beantwortet: immer und überall und in allem Gott Dank zu sagen! Die Gerechtigkeit und Wahrheit suchte ich, und darum wird der Herr mir auch in meinen sonstigen menschlichen Schwächen ein gnädiger Richter sein.

Ich verzeihe allen und bitte alle, mir zu vergeben, die unter meiner Lieblosigkeit zu leiden hatten.

»Näher mein Gott zu Dir, wie Du auch führest hier …« Das ewige Heimweh erfüllt mich. Daraus ist vieles verständlich in meinem Leben. — »Unruhig ist des Menschen Herz, bis es ruht in Dir, mein Gott über Leben und Tod«, ist mein und Euer Trost. Wenn Euch die Welt haßt, wisset, daß sie mich vor Euch gehaßt hat. Daß ich in der Gnade der Beharrlichkeit sterbe, dies ist mein fester Glaube. Eines möge mein Blut bewirken: daß die beiden Konfessionen einander näherkommen! Beide haben unendlich viel zu geben. — Ich sterbe als überzeugter Katholik, mag ich auch mißverstanden worden sein, ich suchte nur die Wahrheit. Da man über die Toten ruhiger denkt als über die Lebenden, so hoffe ich, daß ich später besser verstanden werde.

Wenn Ihr diese Zeilen lest, so segne ich Euch bereits aus der Verklärung, und da will ich nicht viele Tränen sehen. Behaltet mich in gutem Gedenken.

Euer dankbarer Heinrich

»Letzte Grüße!
Gott segne Euch und alle!
Ich sterbe unschuldig! aber gottergeben!
Ich werde Euch allen nahe sein!
Begrabt mich später in St. Georgen!
Betet und opfert für mich!
Bleibt fest im Glauben!
Auf Wiedersehen alle in der ewigen Heimat!
Es lebe Christus der König!
Euer Heinrich.«

Diese letzten Zeilen fand man nach seiner Hinrichtung auf der Rückseite eines Bildes.

Pfarrer JOSEPH MÜLLER [1]

Beim Ausbruch des ersten Weltkrieges meldete sich Joseph Müller, der am 19. August 1894 in Salmünster, Hessen-Nassau, geboren wurde, als Freiwilliger an die Front. Er zeichnete sich durch besondere Tapferkeit aus und wurde schwer verwundet. Die grauenhaften Kriegserlebnisse verwandelten sein Innerstes, er fühlte sich berufen, im seelsorgerlichen Dienst die Erfüllung seines Lebens zu suchen.

Nach Abschluss seines Theologiestudiums wurde er am 11. März 1922 zum Priester geweiht und hatte bald Gelegenheit, seine Hingabe für Jesus Christus als Seelsorger unter Beweis zu stellen.

Sein Weg führte ihn nach Duderstadt, Hannoversch-Münden, Celle, Wolfenbüttel, er wurde dann 1931 Pfarrer in Bad Lauterberg.

Überall wurde er in seiner großen Herzensgüte und Hilfsbereitschaft seinen Gemeindegliedern ein hingegebener Vater in Christo und ein besonderer Freund der Jugend, voll Verständnis und Freude.

Seine Offenheit und mutige Verkündigung ließen die Gestapo bald auf ihn aufmerksam werden; die Überwachung der Predigten und die sonst üblichen Kontrollen der Geheimen Staatspolizei nahmen immer konkretere Formen an. Doch erst im Jahr 1944 wurde ein Anlass durch eine Anzeige gefunden, ihn zu verhaften.

Joseph Müller wurde am 11. Juli 1944 wegen Wehrkraftzersetzung in der Hauptverhandlung des Volksgerichtshofes zum Tode verurteilt und am 11. September 1944 hingerichtet.

Aufzeichnungen aus den Tagen zwischen Todesurteil und Hinrichtung, ohne Datum:

»Jetzt bist Du mir ganz nahe gekommen, daß ich Deinen Odem gleichsam an meiner Wange fühle, Du mein Urquell, Du mein Endziel … nun soll's heimgehen ins Leben, in das ewige Leben, in die Freude des Herrn, ins Königreich Christi. Jetzt will ich nichts mehr sagen, aber lauschen will ich, was Du mir zu sagen hast, über meinen Himmel, in dem Du mich haben willst …«

»… Mein Vater, das weißt Du auch, daß ich ein Mensch bin, ja fast zu viel armselige Menschlichkeit mit mir herumtrage. Ich kann und konnte nicht zu allem schweigen. Das Recht schwieg und nur die Gewalt kam zu Wort. Der Schuldlose ward zum Schweigen gebracht und der Verleumder redete. Deine Diener verstummten so oft in Angst vor der Übermacht des Bösen; man wagte kein wahres Wort zu sagen, aus Angst vor dem Nachbarn und Aufpasser. Als nun auch Du mich schweigend in die Tiefen hinabzogst und schwiegst zu allem, was ich Dir sagte, da mußte ich glauben, Du wolltest nichts von mir wissen. Jetzt aber, da ich still und lange die schweigende Liebe Deines Sohnes am Kreuz angeschaut, weiß ich, was Du durch mich, durch meine Sünden durchlebt hast. Da mußte ich ganz stille sein und schweigen vor Dir …«

An die Geschwister:

8. August 1944

»So beuge ich denn meine Knie vor dem Vater, der das längst ihm dargebrachte Opfer anzunehmen scheint… Ich habe, wenn auch mit wundem Herzen, in der ersten Nacht das Te Deum gebetet. Ergeben wir uns nun alle in Gottes heiligen Willen. Müssen wir dem Vater nicht dafür danken, daß er uns mitunter durch bittere Heilmittel aus der gefährlichen Betäubung durch das Irdische herausreißt, und durch Trübsal das Verlangen nach Ihm weckt?…«

Brandenburg, 21. August 1944

»Ich werde, wenn Gott mein Opfer annimmt, der Erde entrückt sein, aber ich werde das, was mir lieb war, helfend beglücken können. Ich werde wecken und rufen können, ich werde halt auch dort weiter sein, Helfer sein, in der Seelsorge bleiben. Das ist mein Beruf, und den nimmt man auch in das andere Reich mit, ins Reich der Ruhe und des Friedens, des Glanzes und des Ruhmes, der Herrlichkeit und Herrschaft, der Sicherheit und des Reichtums, der Unsterblichkeit und Freiheit von Leiden, der Liebe und väterlichen Umarmung. Ich freue mich doch, trotz allem, mein Leben war wert gewesen, gelebt zu werden …«

Abschied von den Geschwistern, Verwandten und Freunden:

»Jetzt ist es so weit, daß Gott das wahrgemacht hat, was auf meinem Schreibtisch unter dem Christuskopf steht: ›O Gott, nimm alles von mir was mich hindert zu Dir!‹ Zwölf Jahre lang kam täglich dieses Wort über meine Lippen. Jetzt hat Er die Bitte fast erfüllt. Erst nahm er mir mit einem Schlag Heim und Altar. Dann löste er nach und nach die Personen vom Herzen los. Wie ein letzter Gruß war es mir, als — am 28. Juni — die Männer der Gemeinde gingen.«

Eine Stunde vor der Hinrichtung niedergeschrieben:

»Sag' allen, daß der Priester, der bei Euch war, in seinen letzten Ketten und auf seinem letzten Gang nun stirbt wie alle sterben, denen Christus Leben und Sterben Gewinn ist. Ich habe eben den 22. Psalm gebetet. Zum letzten irdischen Beten für die alle, die an meiner harten Totenbahre stehen. Mit dem Gruß der Gnade gehe ich wie Johannes (der Täufer) fort. Gelobt sei Jesus Christus, in Ewigkeit Amen.   Joseph, Victima Christi«

11. September 1944, Tag der Hinrichtung

»Heute, so sollt Ihr wissen, kommt der Herr und heute werdet Ihr seine Herrlichkeit schauen, und es wird ein großes Licht an diesem Tage sein. Auf Dich, o Herr, vertraue ich, ich werde in Ewigkeit nicht zuschanden werden… Ich glaube an ein ewiges Leben.«

Noch einmal fasst Pfarrer Joseph Müller den Sinn Seines Lebens, den Reichtum der Güte Gottes und die Freude, dem Herrn in der Reichsgottesarbeit dienen zu dürfen, in folgenden Zeilen zusammen, ehe er zum Schafott geht, um endgültig vom Glauben zum Schauen zu gelangen:

»Jetzt Herr, knie ich noch einmal und bete dankend:
Ja, Herr, mein Leben war wert, gelebt zu werden.
Ja, Dein Kreuz war wert, geliebt zu werden.
Ja, es hat sich gelohnt, Geduld geübt zu haben.
Ja, gut war es, zu büßen für meine Schuld.
Ja, Recht war es, das Schwerste zu ertragen.
Ja, es lohnt sich, dem Herrn dankbar zu sein.
Ja, freudig Seinem Dienst zu weihen.
Ja, mit Leib und Seele sich Seinem Reich
zu stellen für Seine Heilige Sache.
Ja, es ist auch wert, selbst das Blut dafür zu vergießen.
Lasset uns gehen! Amen.«

Pastor HELMUT HESSE[1]

Helmut Hesse wurde am 11. Mai 1916 in der Hanse-stadt Bremen geboren. Sein Vater, Pastor Hermann Hesse, übernahm bald nach der Geburt Helmuts das Pfarramt der reformierten Gemeinde in Elberfeld.

Sein Sohn Helmut wandte sich bereits 1935, in der geistlich gesehen schweren NS-Zeit, dem Theologie-studium zu.

Sein Bruder, Pastor Eduard Hesse, schrieb darüber:
»Bald führte ihn das Studium in die Illegalität, in die Hilfsaktionen des Elberfelder Pastors Hermann Ziegler für verfolgte Juden und Kommunisten, in die Berliner Kreise um Probst Grüber und natürlich zu dem Widerstandszentrum um Professor Karl Barth in Basel. Bei ihm hatte er gelernt, dass rechtes Gebet nicht nur das Zusammenfalten der Hände vor Gott ist, son-dern auch das Entfalten eines ganzen Einsatzes vor den Menschen.

Der Kirchenkampf griff stark in das Familienleben der Hesses ein. Zwei Brüder und ein Schwager kamen we-gen ihrer Predigten ins Gefängnis. Der Vater wurde von der Gestapo überwacht und gänzlich unter Re-deverbot gestellt, nachdem er als verantwortlicher Sprecher des reformierten Bekenntnisses die Kirchenverfassung von 1933 mit entworfen und die Wahl des Pastors Friedrich von Bodelschwingh zum Reichsbischof vorbereitet hatte.

Schon für den lebensfrohen jungen Helmut Hesse, der sein Studium nach der menschlich gebotenen Aufgabe wählte und mit eisernem Fleiß bewältigte, war es eine Selbstverständlichkeit, den bedrängten Juden beizustehen. Wo immer sich eine Gelegenheit ergab, half er ihnen in ihrer Not, obwohl er wusste, dass er dabei sein Leben riskierte.

Im Juni 1943 wurde der Stadtteil Barmen von einem besonders schweren Bombenangriff durch Flugzeuge der Alliierten getroffen. Sollte dies ein Gericht Gottes über das fromme Wuppertal sein?, fragte der Vater unerschrocken im Gottesdienst. Nachmittags trat Helmut für seinen Vater in einer Veranstaltung der Bekennenden Kirche für die jüdischen Mitbürger ein.

Zwei Tage danach wurden Vater und Sohn verhaftet und belastende Schriften der Bekennenden Kirche bei ihnen beschlagnahmt. Nach längerer Haft im Polizeipräsidium Barmen kamen sie auf Grund einer Verfügung des Reichsführers der SS, Heinrich Himmler, in das Konzentrationslager Dachau.

Die Monate der qualvollen Haft »im Vorhof der Hölle« wurden aber für Helmut Hesse eine Zeit zur letzten Reife. Er wusste seit einiger Zeit, dass seine Kopfschmerzen, die ihn von Jugend auf peinigten, von einem unheilbaren Gehirntumor herrührten. Nach anfänglicher Verzweiflung über diese Tatsache musste er sich erst wieder beruhigen. Durch monatelangen Hunger und Entzug der notwendigen Medikamente war er, bei seiner ohnehin zarten Gesundheit, kaum noch widerstandsfähig. Am 24. November, fünf Monate nach der Einlieferung ins Konzentrationslager Dachau, wurde sein Leben im Krankenrevier von seinen Mördern durch eine tödliche Spritze ausgelöscht.

Sein Vater, der die schwere Gefangenschaft überstand, berichtete aus den Monaten der gemeinsamen Haft über die immer tiefere Hingabe des Sohnes an den göttlichen Willen.

Der Lebensweg Helmut Hesses war ein Bekenntnis der Echtheit der Worte, die er am Palmsonntag 1942 gepredigt hatte:

»... so lasst uns denn das Erbe der Väter, die von Gott geschenkte Ordnung, nicht preisgeben und lieber mit Christus in den Tod gehen, als die Gemeinde Gottes unter die Willkür eines Ahab stellen, der den Weinberg Gottes zu einem Kohlgarten macht. Gottes Wort ist selbst ein hauendes Schwert, das Wahrheit und Lüge auseinander schlägt und es auch wagt, der Obrigkeit zu sagen: Du stehst unter Gott und hast dich an Seinem Gebot, das auch für dich gilt, versündigt, du hast gemordet und gestohlen! Du hast dein obrigkeitliches Schwert missbraucht, darum wird es auch dich treffen!«

Als jüngster Blutzeuge der Bekennenden Kirche starb er mit 27 Jahren 1943 im Konzentrationslager Dachau. Seine Brüder Friedrich und Theodor fielen in dem sinnlosen Eroberungskrieg 1941 und 1942 als Soldaten an der Ostfront in Rußland.

Pater JOHANN SCHWINGSHACKL

Das Leben dieses Gottesmenschen begann auf einem Bauernhof in Ried bei Welsberg im Pustertal. Er wurde am 4. Mai 1887 auf dem bäuerlichen Anwesen geboren, er war eins von zwölf Kindern. Johann arbeitete als Knecht auf dem Hof seines Vaters.

Sein Wunsch, Priester zu werden, wurde vom Vater mit der Begründung abgelehnt: »Beim Studium wird man nur ein ›Lump‹, man könne Gott mit seiner Hände Arbeit besser dienen, als sich mit dem gescheiten »Kram« den Kopf vollzustopfen.

Erst mit 23 Jahren konnte Johann nach heftigen Auseinandersetzungen mit dem Vater endlich mit dem privaten Studium beginnen, das er später am Staatsgymnasium in Brixen fortsetzen durfte.

Zu Beginn des Ersten Weltkrieges erhielt er die Einberufung zu den Kaiserjägern, er wurde an der Front schwer verwundet. Später geriet er in russische Kriegsgefangenschaft. Sein weiteres Studium war ihm nur nachts im Lager möglich beim Schein einer Petroleumlampe, die er für gesparte Zuckerrationen erworben hatte.

Finanziell ermöglicht wurde sein »Studium« dadurch, dass er als Zeichenlehrer und Erzieher bei den Kindern eines russischen Arztes angestellt wurde. Dieser Arzt unterstützte ihn hier im fernen Russland für sein späteres Theologiestudium, indem er sein Allgemeinwissen erweiterte.

Dadurch war er nach der Heimkehr aus der russischen Kriegsgefangenschaft in Brixen »reif« für das Examen. Am 27. Juli 1924 erhielt er die Priesterweihe. Die Ausheilung seiner Tuberkulose, die er sich in der Kriegsgefangenschaft zugezogen hatte, verzögerte seine berufliche Arbeit. Er übernahm in der Zwischenzeit in Innsbruck Verwaltungsaufgaben.

Von 1938 bis 1941 war er Rektor von St. Martin und wirkte dann in Steyr. Bis zu seiner Verhaftung war er noch in Schallerbach tätig.

»Sein unablässiges Bestreben, die ihm Anvertrauten dahin zu führen, dass sie über ein durchschnittliches Gewohnheitschristentum hinaus kämen und den Forderungen der Zeit entsprachen«, machten ihn bei den Nationalsozialisten und ihren Spitzeln verdächtig. Er wurde vernommen, verwarnt, eingeschüchtert und seine Jugendarbeit wurde ihm untersagt.

Eine Predigt, in der er über die »schwere Heimsuchung Gottes, die über die Menschen gekommen war«, sprach, (der Weltkrieg), »der nur durch eine Rückkehr der Menschen zu Gott begegnet werden könne …« trug ihm am 15. Dezember 1943 eine Vernehmung mit anschließendem Redeverbot ein.

Am 18. Februar 1944 wurde er in Schallerbach verhaftet und vor Gericht gestellt.

Der Gefängnis-Seelsorger Ferdinand Brinkmann, der insgesamt mit mehr als 1100 Hinzurichtenden gesprochen hatte, schrieb später:

»Bei der Gestapo wurde diesem Mann, von dem ein bezwingender Glanz ausging, gesagt, er dürfe sofort heimfahren, wenn er schriftlich erkläre, nicht mehr predigen zu wollen.

›Sie irren sich, meine Herren, ich werde sofort da wieder anfangen zu predigen, wo ich aufgehört habe‹, war die Antwort von Pater Schwingshackl. – ›Sie hätten in der Stille doch noch sehr viel wirken können‹, meinte ich. ›Nein, das genügt mir nicht. Ich will kein stummer Hund gewesen sein in der heutigen Zeit. Den Vorwurf möchte ich später einmal nicht hören, wenn es heißt: Gib Rechenschaft! ...‹«

Die Anklage vom 27. Oktober 1944 lautete in erster Linie auf Wehrkraftzersetzung. Die Verhandlung fand am 10. Dezember 1944 vor dem Volksgerichtshof in Salzburg unter dem Vorsitz des berüchtigten Bluthundes Roland Freisler statt.

Im späteren Urteil hieß es: »Schwingshackl hat also mitten im Kriege, unter schwerst zersetzender unwahrer Begründung, zum Kampf gegen unser Großdeutsches Reich aufgestachelt, ja, geradezu verlangt, dass er organisiert werde.«

Die Verhängung der Todesstrafe nahm Pater Schwingshackl ohne Schrecken, sondern mit Freude auf, weil es ihm vergönnt sein sollte, als Blutzeuge Christi zu sterben. Das Urteil wurde am 11. Januar, unter Ablehnung des Gnadengesuchs seines Verteidigers – er selbst wollte keinerlei Gnadengesuche – vom Reichsjustizminister bestätigt.

Die Haltung von Pater Johann blieb immer die Gleiche, voller Heiterkeit und Vertrauen auf die göttliche Führung, sei es im Kerker vor der Verhandlung oder in Fesseln nach dem Urteil. Ein Brief an seine Schwester kurz vor seiner Verurteilung zeigte seine Ergebenheit: »… ich müßte lügen, wenn ich sagen würde, ich habe einmal einen bedrückten Augenblick gehabt, das Ärgste ist nur der Hunger; ich kann vor Hunger und Kälte Tag und Nacht nicht schlafen …«

In München-Stadelheim zeigte sich das alte Lungenleiden aus der Kriegsgefangenschaft immer stärker. Durch Nahrungsentzug wurde der Zustand immer bedrohlicher, jedoch ließ er sich keine Arbeit abnehmen und verbrachte jede freie Minute im Gebet.

Am 24. Januar 1945 schrieb der verurteilte Pater kurz vor seiner Hinrichtung an seine Verwandten:

»Nun nehme ich Abschied von Euch. Oft bin ich von daheim und von Euch weggegangen. Nie war ich so leicht und beglückt wie diesmal, obwohl ich Euch alle mit tiefer Liebe im Herzen trage. Wie es mir geht, wollt Ihr wissen? Wenn ich sage: gut, ich bin glücklich, so ist das viel zu wenig. Ich bin selig!

Klar hat die Untersuchung, besonders die Art der Verurteilung gezeigt, daß ich für die Sache Christi sterbe. Es könnte wahrhaftig nicht herrlicher sein! Zudem ist mein

Sterben vollständig frei. Denn ich sah es ganz deutlich und sagte es immer im Voraus, daß so etwas kommen wird und ging doch festen Schrittes meinen Weg. Nun stehe ich vor der Hinrichtung.

… Ich bin ein Arrestant, trage seit der Verurteilung dessen Kleider, bin seither, also schon fünf Wochen, Tag und Nacht in Ketten gefesselt. Zuerst legte man sie so fest an, daß ich nach der ersten Nacht schon einige Aufreibungen hatte. Eine bildete durch den vielen Schmutz im Armknöchel ein großes Geschwür, der ganze Unterarm schwoll an. Die Ketten schnitten tief in diese Geschwulst und ließen blaue Male zurück. Demütigungen regnete es. Meistens grobe Behandlungen. Zum Beispiel habe ich das Recht, an Euch, als Verurteilter, zum Abschied zu schreiben. Der Vorstand der Haftanstalt erlaubte es aber nicht. Bis heute war es mir wegen Härte eigner Art nicht möglich. Siebenmal bat ich. Es friert mich ständig, weil man mir die Wollwäsche nicht läßt.

So warte ich auf das Letzte: das Blutopfer. Ich warte, und dies ist ein eigenes Leiden, ohne zu wissen, wann das sein wird. Es kann jede Minute, Tag oder Nacht, die Tür geöffnet werden und hereingerufen: ›Schwingshackl! Kommen Sie!‹ Es kann in dieser Minute sein, es kann nach verschiedenen Wochen sein.

Der Kelch ist voll, aber das ist das Schöne, so voll der Kelch ist, so übergroß und lieblich ist die göttliche Gnade. Ich bin geradezu selig, daß ich dem Heiland meine Liebe auf diese Weise zeigen darf!

Wie oft beten wir, wir möchten mit unserm Blut Ihm unsere Liebe zeigen oder die Sünden der Menschen sühnen. Das kam mir immer wie eine schwülstige Freundschaftsbezeugung in den guten Tagen vor.

Jetzt kann ich sagen: ›Heiland, mir ist es ernst!‹ Die Weihnachten waren so schön wie noch nie in meinem Leben. In der Jugend ist man dort auch noch zu menschlich. Als Priester hat man zu viel Arbeit. Heuer aber konnte ich mich nur mit der Weihnachtsliebe des Erlösers beschäftigen, bei Tag und besonders in vielen Stunden der Nacht, denn da ist man nicht gestört. Herrlich war es!

Wenn ich sage, ich sei die ganze Weihnachtszeit glücklich gewesen, ist es viel zu wenig. Der Neujahrstag begann wunderbar, ich wurde gerufen und in eine andere Zelle geführt. Als ich plötzlich vor dem Heiland kniete, weinte ich wie ein Kind. Ich weiß, das alles Gnade, erbetene Gnade ist …

Nun komme ich zum Abschiednehmen. Das erste sei ein ganz innigstes Danken für alles Beten und Opfern. Um das bitte ich weiter. Ich will auch beten für Euch, hier und daheim!

Meine innigst geliebten Leute alle, lebt wohl! Im Himmel, in der Heimat sehen wir uns wieder. Wie bald wird es so sein. Gott sei Dank! Wenn wir nur recht gelebt haben, alles andere geht vorüber. Wie froh bin ich jetzt, daß mein Leben immer hart war.

Weinet nicht, wenn Ihr diese Zeilen lest. Freuet Euch alle mit mir, der Tag der Hinrichtung ist uns allen ein Festtag! Den Priestersegen gebe ich Euch mit gefesselten Händen und schließe diese Zeilen mit größter Dankbarkeit und zärtlicher Liebe. Es segne Euch der allermächtigste Gott, der Vater, der Sohn und der Heilige Geist!

Dieser Segen begleite Euch im Leben und helfe Euch im Sterben! Er führe Euch alle daheim zusammen!

Amen.«

Obwohl sich Pater Johann Schwingshackl danach sehnte, den Märtyrertod zu sterben, hatte es Gott in seinem unendlichen Ratschluss anders beschieden.

In der Nacht vom 27. auf den 28. Februar 1945 starb der heilige Zeuge Jesu an seiner während der Haftzeit schlimmer gewordenen Tuberkulose – wenige Tage vor der angesetzten Hinrichtung.

»Siehe, ich sehe den Himmel offen und des Menschen Sohn zur Rechten Gottes stehen ...«

»Er kniete aber nieder und schrie laut: Herr, behalte ihnen diese Sünde nicht! Und als er das gesagt, entschlief er« (Apostelgeschichte 7,55.59).

Wir können Gott von ganzem Herzen dafür danken, dass wir uns seit über 50 Jahren des Friedens in Deutschland erfreuen dürfen; für deutsche Verhältnisse ein unwahrscheinlich langer Zeitraum.

Während dieser Zeit gab es in der Bundesrepublik keine Verfolgung von Christen und damit auch keine Märtyrer, weil in Westdeutschland, auch in der Zeit des sogenannten »Kalten Krieges«, uneingeschränkte Glaubensfreiheit im Grundgesetz nicht nur festgelegt, sondern auch durch die staatlichen Organe garantiert wurde.

Im Artikel 4 des Grundgesetzes der Bundesrepublik Deutschland steht seit dem 23. 5. 1949 geschrieben:

»Die Freiheit des Glaubens, des Gewissens und die Freiheit des religiösen und weltanschaulichen Bekenntnisses sind unverletzlich. Die ungestörte Religionsausübung wird gewährleistet. Niemand darf gegen sein Gewissen zum Kriegsdienst mit der Waffe gezwungen werden.«

Märtyrer sind Blutzeugen Christi, die in Zeiten der Verfolgung um ihres Glaubens willen getötet wurden. Sie sind von Gott zu diesem Opfer ausersehen und auch innerlich zugerüstet worden. Sie haben hierfür oft ein Charisma besonderer Art bekommen.

Man kann sich kaum vorstellen, dass es jemanden gibt, der diese hier dargelegten letzten Glaubensbekenntnisse von Menschen zu Ende gelesen hat, ohne überwältigt zu sein von dem leuchtenden Geheimnis des inneren Sieges, der mitten in der rein irdischen Niederlage doch den Glauben an die Auferstehung vollendet hat.

Gewiss stellt sich bei manchen die Frage: »Herr, was ist dann mein Glaube wert?«

Es sollen nicht alle Märtyrer sein. Zu allen Zeiten lebten Christen unbehelligt, während andere verfolgt und getötet wurden. Es sind immer nur einzelne, die sich der Herr zu diesem Opfer ausersehen hat, die Rufer in der Wüste in Zeiten großer Gottlosigkeit, die dann alle Erniedrigungen, alle körperlichen wie auch seelischen Qualen über sich ergehen ließen, um dadurch den ewigen Sieg für das Reich Gottes zu dokumentieren. Von dem heimlichen Licht ihrer Erwählung waren sie erfüllt und befähigt, Gott mit einem solchen Tod zu preisen.

Für uns alle sind diese Glaubenszeugen ein dringender Mahnruf, uns noch ernsthafter in der Nachfolge dem gekreuzigten und auferstandenen Christus hinzugeben. Wir sind aber nicht aufgefordert, Mittel und Wege zu suchen, um Märtyrer zu werden.

Gerade in der sicheren, satten und selbstgefälligen Wohlstandsgesellschaft soll das Leben der Märtyrer ein Zeugnis für den Glauben sein, der durch nichts zu überwinden ist. Es soll uns anspornen, das Wort des Apostels Paulus in aller Glaubensbereitschaft zum täglichen Zeugnis für unsere Umwelt auszuleben:

Wer will uns scheiden von der Liebe Gottes? Trübsal oder Angst oder Verfolgung oder Hunger oder Blöße oder Gefahr oder Schwert? Wie geschrieben steht: »Um deinetwillen werden wir getötet den ganzen Tag; wir sind geachtet wie Schlachtschafe.«

Aber in dem allen überwinden wir weit durch den, der uns geliebt hat.

Denn ich bin gewiss, dass weder Tod noch Leben, weder Engel noch Mächte noch Gewalten, weder Gegenwärtiges noch Zukünftiges, weder Hohes noch Tiefes noch eine andere Kreatur uns scheiden kann von der Liebe Gottes, die in Christus Jesus ist, unserm Herrn« (Römer 8,35-39).

Diese Worte des Apostels stehen der Verheißung Jesu nicht entgegen:

»Ich bin gekommen, dass sie das Leben und volle Genüge haben« (Johannes 10,10b).

»Jesu, Dir leb ich, Jesu, Dir sterb ich,
Jesu, Dein bin ich, tot oder lebendig!«

Quellennachweis

Für alle Personennamen, die mit (^{1}) gekennzeichnet sind, gilt folgender Rechtsvermerk:
Entnommen aus: »Helmut Gollwitzer: Du hast mich heimgesucht bei Nacht«, © Chr. Kaiser / Gütersloher Verlagshaus, Gütersloh.

Für den Abdruck des Artikels »Alfred Herbst, Elektromonteur«, gekennzeichnet mit (^{2}), gilt folgender Rechtsvermerk:
Entnommen aus: »Jost Müller-Bohn, Letzte Briefe eines Wehrdienstverweigerers 1943«, © 1984 by Verlag der St.-Johannis-Druckerei, Lahr/Schwarzwald.

Für den Artikel »Pfarrer Dalla Rosa«, gekennzeichnet mit (^{3}), gilt folgender Rechtsvermerk:
© Scherz-Verlag, Bern.